서두르지 않고
성장 발달에 맞추는
ABA 육아법

서두르지 않고
성장 발달에 맞추는
ABA 육아법

한상민 지음 | 조성헌 그림

마음책방

우리가 가르치는 방식대로 아이들이 배울 수 없다면
아이들이 배우는 방식대로 우리가 가르치면 된다
— 아이바 로바스

If they can't learn the way we teach, we teach the way they learn.

먼저 알아야 할 사항

- 이 책은 ABA(Applied Behavior Analysis, 응용행동분석)를 처음 접하는 부모를 위한 'ABA 치료 프로그램' 기초편이다.

- 아이의 발달에 이상을 느끼거나 자폐가 의심될 때 병원 진료 혹은 진단을 기다리는 동안 집에서 활용할 수 있는 'ABA 조기 중재' 방법을 알려준다.

- ABA는 학습과 행동에 대한 과학의 학문으로 모든 인간에게 적용할 수 있지만, 특히 자폐와 같은 발달장애의 치료에 효과적이다.

- 이 책에서는 '치료'와 '재활'이라는 용어를 혼용하였다. 의료 용어 '치료'가 포함된 '언어치료', '행동치료' 등의 단어가 현재 '언어재활', '행동재활'로 대체되고 있는 추세다. '병'이 아닌 '장애'를 대상으로 하기 때문이다. 그러나 '치료사', '치료실' 등의 단어도 일상에서 계속 사용되고 있다.

- '장애'의 상대어는 '비장애'다. 여기서는 '비장애'와 '일반 아이'를 혼용하였다.

- '문제행동(problem behavior)' 용어는 행동 자체보다 아동에게 초점을 맞추고 문제시하는 소위 '낙인효과'가 있어서 이를 다른 용어로 대체하려고 노력 중이다. 부적응행동(maladaptive behavior), 방해행동(interfering behavior) 외에 최근에는 도전적행동(challenging behavior)이라는 용어가 추천되고 있지만, 어감 전달에는 여전히 한계가 있다. 문제행동에 대한 완전한 대체어가 없는 현실에서, 이 책에서는 '문제행동'이라는 용어를 그대로 사용하였다.

◇ 추천사 ◇

ABA 재료를 좋은 음식으로 멋지게 차려놓은 한 상차림
정유진 국제행동분석전문가(BCBA), 교육석사, 소통과 지원 연구소 소장

발달이 느린 아동을 키우는 부모들은 좋은 정보와 조언에 늘 배고파한다. 이 책은 그들에게 풍부한 영양이 되는 ABA라는 재료를 잘 손질하여 소화도 잘되면서 맛도 좋은 음식으로 요리하여 먹음직스럽게 차려놓은 멋진 한 상차림 같다. 한눈에 보여주는 풍부한 삽화와 알찬 노하우를 이해하기 쉽게 설명한 내용은 입맛 까다로운 부모들까지 만족시키고 있다. 무엇보다 내용 하나하나에 담긴, 열광과 오해를 동시에 받는 ABA 이론을 자상하면서도 정확하게 안내하는 저자의 마음은 ABA 치료를 망설였던 부모들까지 관심 두게 한다. ABA 전문가이면서 발달장애를 둔 부모가 정성껏 만들어 건네는 이 책은 혼란과 불안에 빠진 부모들의 허기와 갈증을 분명 해소하리라 믿는다.

ABA 치료를 처음 시작할 때 큰 도움을 주는 책
허은정 만 3세 자폐아의 부모

아이가 돌 지나서 발달에 이상 증세를 느낀 후, 지금껏 ABA 치료를 해오고 있다. 당시 마땅히 물어볼 데가 없어서 인터넷 여기저기 기웃거리며 정보를 수집했는데, 이 책은 그때 궁금했던 것들을 똑소리 나게 총망라해놓았다. 또한 지금 ABA 치료를 받으면서 궁금했던 것들까지 알려주고 있다. 아이의 성장 발달에 이상이 느껴진다면 바로 치료를 시작하라고 권하고 싶다. 조기 진단과 조기 치료는 정말 중요하다. 그때 이 책이 큰 도움을 줄 것이다. 특히 36개월 미만의 아이를 둔 부모에게 더욱 그렇다. 선뜻 누군가에게 말하지 못하고 병원 갈 엄두도 안 나는 상황에서 집에서 부모가 직접 시행할 수 있는 ABA 육아법을 이해하기 쉽게 알려주고 있다. ABA를 하다 보면 머뭇거렸던 시간이 아깝다고 느껴질 것이다.

진료실에서 만나는 모든 부모에게 적극 추천한다
서동수 서울특별시어린이병원 소아청소년정신건강의학과 전문의, (전)한국자폐학회 회장

지금까지 이런 부모 교육 안내서는 없었다. 발달이 느리거나 자폐가 의심될 때, 혹은 자폐 진단을 받은 자녀를 둔 부모에게 정말 유익한 책이다. 책을 읽고 있노라면 저자의 응원하는 목소리가 들리는 것 같다. 자폐 아들을 둔 부모로서 누구보다 그 마음을 잘 아는 저자이기에 치료를 주저하거나 머뭇거리는 독자들에게 적극적인 자발성을 따뜻하게 불러일으키고, 알기 쉬운 설명으로 직접 행동하도록 힘을 실어주고 있다. 더구나 단순히 아이들의 행동이나 언어 획득을 뛰어넘어 사회적 상호작용과 의사소통이라는 큰 맥락을 생각하는 저자의 관점은 저절로 고개를 끄덕이게 했다. 그동안 진료실에서 만난, 아이의 발달 문제로 찾아오는 부모들이 공통으로 하는 말은 "우리 아이에게 무엇을 해주면 좋을지 잘 모르겠어요"였다. 짧은 진료 시간에 구체적으로 설명하기가 힘들어 난처한 적이 한두 번이 아니었는데, 앞으로 추천해도 손색이 없을 책이 나와서 너무나 기쁘다. 정말이지 쉽고 명확하며 심지어 재미있기까지 한 이 책을 진료실에서 만나는 모든 부모에게 적극 추천한다.

아이의 발달 상태와 해결 방법까지 친절하게 가르쳐준다
정세희 여주교육지원청 유아 특수교사

쏟아지는 정보 속에서 남들과는 조금 다른 내 아이에게 맞는 것을 찾느라 고군분투하는 부모들을 보면서 안타까울 때가 많았다. 이 책은 부모들이 아이의 발달 상태를 객관적으로 볼 수 있도록 도우면서 문제 해결 방법까지 친절하게 가르쳐주고 있다. 그뿐만 아니라 ABA 혹은 육아에 대해 너무 당연히 안다고 생각해서 놓치고 있거나 방심했던 '가장 기본적인 사항'들까지 꼼꼼하게 짚어주고 있다.

◇ 추천사 ◇

항상 옆에 두고 수시로 펼쳐보며 활용할 것 같다
송주영 국제행동분석전문가(BCBA), 특수교사

이 책은 응용행동분석(ABA)이라는 어려운 분야를 구체적인 그림까지 곁들여가면서 이론과 실전을 이해하기 쉽게 설명하고 있다. 특히 다양한 ABA 실천 포인트는 집은 물론 학교에서도 활용하기에 충분하다. 고등학생을 가르치는 특수교사로서, 그동안 몸은 어른인데 아직 의사 표현을 제대로 하지 못하는 자폐성 장애 학생을 볼 때마다 마음이 무거웠는데, 이 책을 만나는 순간 한결 가벼워졌다. 항상 옆에 두고 수시로 펼쳐보며 활용할 것 같다.

아이들이 잘 성장하도록 돕는 일에 이 책이 큰 힘이 된다
박주현 수원아름학교 특수교사

현장의 특수교사로 십 년 넘도록 있으면서 성장 발달에 어려움을 겪는 아이들을 많이 보아왔다. 한번은 교육청에서 긍정적 행동 지원 사업을 진행할 때 저자와 많은 이야기를 나눌 기회가 있었는데, 일반인은 물론 가족조차도 자폐에 대한 편견과 잘못된 접근으로 소통의 어려움을 겪는 것을 볼 때마다 너무 안타깝다고 토로했었다. 이 책은 그런 저자의 마음이 고스란히 담겨 있다. 아이들이 또래들과 다른 발달로 어려움을 보이는 결정적 시기에 부모들이 올바른 접근을 할 수 있도록 구체적인 가이드와 다양한 대처 방법을 자세히 알려준다. 이 방법들을 숙지하고 실전에서 활용한다면 느린 언어 발달이 향상되고 더 나아가 주변 사람들과의 의사소통을 통한 사회적 발달까지 할 수 있을 것이다. 느린 아이들의 발달 치료는 빠르면 빠를수록 좋다. 이 책은 그런 점에서 발달이 느리거나 자폐가 의심되는 어린아이들을 건강하게 자라도록 돕고 있다. 아이들을 소중한 인재로 키우는 것은 정말 가치 있는 일이다. 특수교사로서 아이들이 잘 성장하도록 돕는 일에 이 책이 큰 힘이 된다.

가장 기초부터 실행 방법까지 이해하기 쉽게 단계적으로 알려준다

윤지은 청주대학교 교수, 국제행동분석전문가(BCBA), 언어재활사

저자는 ABA 전문가 이전에 자폐 아들을 둔 부모다. 누구보다 아이의 발달에 이상을 느끼고 마음이 무너졌을 부모들의 심정을 잘 알기에 이 책을 만들었다고 한다. 하루가 다르게 커가는 아이를 바라보며 다급해하는 부모들이 집에서 하루빨리 뭐라도 할 수 있도록 말이다. 조기 중재는 자폐 치료의 불문율이고, 여러 자폐 치료법 중에 가장 효과적인 것이 ABA라고 한다. 저자는 자신의 경험과 전문 지식을 바탕으로 누구나 ABA를 손쉽게 활용하여 아이를 가르치고 상호작용할 수 있도록, 가장 기초부터 구체적인 실행 방법까지 이해하기 쉽게 단계적으로 알려주고 있다. 또한 ABA에 대해 많은 부모가 품고 있는 여러 궁금증도 속 시원히 풀어주고 있다. 그런 점에서 이 책은 매일의 일상을 교육의 기회로 만들고 싶은 부모에게 아주 유용할 뿐 아니라 치료 현장의 치료사들에게도 매우 실용적인 가이드가 될 것이다.

ABA 치료 여건이 안 되는 부모에게 정말 단비와도 같다

신수경 만 11세 아이 엄마, (전)자폐인사랑협회 대구지회 부회장

지난날 ABA 치료를 하면서 나는 아이에게 조기 치료가 얼마나 중요한지 몸소 깨달았다. 저자는 부모가 아이와 함께 집에서도 ABA를 실천해야 한다고 강조, 또 강조한다. 맞다. 진짜 중요하다. 여건이 안 되어서 ABA 치료를 할 수 없는 부모에게 이 책은 정말 단비와도 같다. 같은 부모로서 그 마음을 알기에, 이 책을 추천할 수 있어서 정말 기쁘다. '늦었다고 생각되는 순간이 가장 빠르다'라는 말이 있다. 아이의 발달에 이상을 느꼈다면 부디 이 책을 통해 골든타임을 놓치지 않기를 바란다. 반드시 아이와 함께 같은 세상을 보는 즐거움을 다시 느끼게 될 것이다.

◇ 추천사 ◇

저자의 내공이 정말 놀랍다

이도영 국제행동분석전문가(BCBA), 성남시 한마음복지관 평생지원센터장

발달장애 아동의 부모교육을 업으로 삼고 있는 사람으로서, 이런 책이 나타나길 늘 고대해왔다. 부모들에게 맘 편히 추천하기에 딱 적합한 이런 책 말이다.

　이 책은 아주 쉽게 읽힌다. 그러면서도 꼭 필요한 지식이 다양한 경험 속에 녹여져 빠짐없이 기록되어 있다. 충분한 임상 경험과 진심이 있었기에 가능했다고 생각한다. 저자의 내공이 정말 놀랍다. 전체적으로 따뜻한 선배 부모의 말투가 느껴지다가도, 고정관념을 교정해줄 전문가의 예리함이 적재적소에서 번뜩인다.

　우선 이 책은 목차부터 아주 흥미롭다. 아이 키우면서 다들 한 번쯤 고민했을 법한 제목들이 죽 나열되어 있다. 뭐부터 읽을지 고르다 보면, 과자로 지은 집을 발견한 꼬마가 된 기분이 들지도 모른다. 마침 저자가 어디서나 읽기 시작해도 된다고 하니, 먼저 관심이 가는 부분부터 편한 마음으로 읽으면 될 듯하다. 결국 어느새 다 읽고야 말 테지만 말이다.

　이 책을 접하는 독자에게 먼저 읽은 사람으로서 권하자면, 처음에는 전체를 술술 읽고 나서 한 번 더 되새김질하듯 정독하길 바란다. 집에서 아이를 가르치면서 시시때때로 다시 들춰본다면 더 좋을 것이다. 읽을 때마다 새삼 무릎 치는 깨달음이 있을 것이다. 아는 만큼 보인다는 말이 괜한 것이 아니다. 가정에서의 ABA를 준비하는 부모들을 응원하면서 저자의 진심이 닿기를 기대한다.

절실한 엄마들에게 자신 있게 추천하는 'ABA 입문서'

꿀이엄마　네이버 포스트 '꿀이엄마의 엄마표 자폐 발달장애 치료 이야기' 운영자

'인터넷 끊겨 내가 차린 피시방'이라는 간판을 본 적이 있는가? 자조적일 수 있지만 대한민국에서 자폐 아이를 키우는 일은 결코 쉽지 않다. 그 막막함과 답답함을 풀 길이 없어 '차라리 내가 직접 배워서 가르치고 말지'라며 직접 팔 걷어붙이고 '자폐' 공부를 시작한 장본인이 나다. 그리고 내가 겪은 절망과 시행착오를 다른 엄마들은 덜 겪게 하고 싶고 조금이라도 돕고 싶다는 오지랖에 포스트를 시작했다. 그러니까 꿀이엄마 포스트는 피시방 자폐 엄마 버전인 셈이다.

꿀이엄마 포스트에는 아이의 장애 앞에 갈 길을 잃은 부모들의 절실한 댓글이 수시로 달린다. 그중에도 "ABA가 좋다던데 어떻게 해야 할지 모르겠어요"라는 내용이 가장 많다. 가까운 동네에 센터가 없거나 대기가 길고, 너무 비싸다는 하소연도 가끔 들어온다. 간혹 "ABA는 '문제행동이 심한 아이'에게만 효과가 있다던데 우리 아이에게도 괜찮을까요?"라는 편견 섞인 질문도 있다.

대한민국에서 ABA는 아직 낯선 개념이다. 그리고 나는 "부모가 ABA를 배워서 직접 해야 가장 효과적"이라는 확고한 신념을 갖고 있다. 부모들에게 직접 공부할 것을 권유하지만 입문서 삼아 시작해보라고 선뜻 추천할 책이 없어 난감했었다. 시중에 나온 몇 권의 책은 대부분 미국과 일본에서 출간된 저서의 번역본이어서 한국 정서에 맞지 않거나, 국내 부모들이 교과서 삼기에는 적당하지 않았다.

저자는 이미 엄마들 사이에서 유명한 국제행동분석가이자 발달장애인 부모다. 부모들이 무엇을 궁금해하는지, 어떤 것을 배워야 하는지 가장 잘 아는 적임자이다. 그래서 그런지 책을 읽는 내내 가려운 곳을 팍팍 긁어주는 듯한 느낌이 들었다. 이해하기 쉽게, 꼭 필요한 정보만 모아놓은 디딤돌과 같다고 할까?

이제 부모님들이 "무슨 책으로 시작할까요?"라고 댓글로 물으면 크게 고민할 것 없이 추천할 책이 생겨 뿌듯하고 고맙다. 앞으로 후속작이 계속 출간되길 바란다.

◇ **ABA 체험 사례** ◇

※ 가명을 쓰지 않고 '아이'라는 대명사로 통일하였다.

웬만한 말은 다 따라 한다

이승아 만 3세 아이 엄마

돌 때부터 또래보다 전반적으로 느렸던 아이는 21개월에 대학병원에서 자폐 진단을 받았다. 당시 소아정신과 교수가 진단과 함께, 현재 자폐 완치법은 없고 ABA가 자폐 치료에 가장 효과적이라고 조언해서 집 근처 ABA 센터에 가서 상담을 받았다. 센터에서는 아이가 아직 개월 수가 적지만 발달 지연은 확실해 보이니 바로 치료를 시작하자고 권유하면서 '행복한 오진'이길 바라자고 했다. 그렇게 아이는 22개월부터 ABA 수업을 받았다.

ABA 수업을 지켜보면서 두 돌도 안 된 아이가 좋아하는 사운드북을 활용해 사십 분 넘게 의자에 앉아 수업을 따라 하는 게 마냥 신기했다. '주세요' 제스처 말고는 아무것도 하지 못했던 아이였는데, ABA 수업을 하면서 포인팅을 시작으로 눈맞춤, 집중력, 호명 반응, 행동 모방, 시지각, 수용언어, 인지, 소근육 발달 등 부족했던 영역들이 정말 많이 발전했다. 일 년 만이었다. 36개월까지 말을 하지 않았던 아이는 37개월 때 언어 모방을 시작으로, 지금은 웬만한 말은 다 따라 하고 노래도 부르며 자발어도 조금씩 나오기 시작했다. 이는 모두 조기 발견과 조기 치료를 했기 때문이다.

지금도 아이의 성장 발달을 위해 집에서 한 시간 동안 마주 보고 앉아 즐겁게 ABA 육아를 하고 있다. 소근육 운동, 언어 등 필요한 발달을 ABA 방식으로 매일 조금씩 반복하다 보니, 아이가 매일매일 성장하는 게 느껴진다.

자폐 성향이 의심되거나 진단을 받았다면 하루라도 빨리 ABA 치료를 받으라고 권하고 싶다. 경험적으로 ABA만큼 긍정적인 효과를 보는 치료법은 없다고 생각한다. 비록 자폐 진단을 받지 않았더라도 발달이 느리거나 자폐가 의심된다면 일상에서 실천하는 'ABA 육아'로 잃어버린 웃음을 되찾기를 바란다.

◇ ABA 체험 사례 ◇

치료 9개월 만에 눈부시게 성장했다

정하윤 만 2세 아이 엄마

많은 사람의 축복 속에서 태어난 아이는 눈빛이 총명하고 똘똘하다는 말을 많이 들었다. 실제로 돌 갓 지나서는 색깔도 구분하고 동물, 과일 등 물음에 정확히 포인팅하며 같음과 다름을 구분했다. 그러던 아이가 18개월부터 밖에 나가면 종종 자기만의 세계에 빠진 듯한 멍한 표정을 보였고 호명, 눈맞춤도 잘되지 않을 때가 많았다. 그전에 했던 약간의 발화, 포인팅이 사라지는 퇴행이 오면서부터는 손바닥을 들여다보고 스피커에 귀를 대는 감각 추구 현상이 자주 일어났다. 걱정되는 마음에 인터넷을 찾아보고 소아정신과를 내원하여 상담한 결과 아이의 상태가 자폐 증상과 많은 부분이 일치한다는 걸 알았다. 일주일 동안 절망감에 빠져 눈물로 보내고 나서야 정신을 바로잡을 수 있었다.

그 후로 아이의 치료를 위해 내 모든 것을 바치겠다고 결심하고 바로 각종 서적, 인터넷, 주변 조언을 통해 치료 방향을 결정했다. 인터넷상에서 소개하는 치료법은 생각보다 다양했다. 그중 선택한 것은 몇십 년 동안 축적된 데이터를 통해 임상 효과가 입증된 ABA였다. 24개월에 ABA를 시작한 아이는 3개월 만에 눈맞춤, 호명, 포인팅을 다시 하고, 질적 수준도 점점 향상되었다. 또래보다 많이 취약했던 모방, 소근육, 시지각도 DTT 훈련을 통해 나날이 발전했고, 치료 9개월이 지난 지금은 3어절 수준의 자발어로 요구하기, 간단한 말 듣고 답하기, 또래에게 다가가서 먼저 안아주기 등 다방면으로 눈부시게 성장했다.

앞으로 3개월 후에 자폐 검사를 포함한 대학병원의 발달검사를 앞두고 있다. 아이가 조금 느리지만 꾸준히 성장해줄 것을 믿기에 불안감과 걱정보다는 희망과 믿음으로 ABA 치료에 집중하고 있다. ABA는 조기에 적용할수록 효과가 극대화되며, 이제 ABA 육아법으로 집에서도 할 수 있다. 현재 자폐가 의심되는 36개월 미만 아이를 키우는 부모는 병원 진단을 기다리기에 앞서 하루빨리 ABA를 만나기를 적극 권장한다.

◇ ABA 체험 사례 ◇

이제는 외출이 두렵지 않다

오미숙 가명, 만 4세 아이 할머니

전업주부였던 나는 딸들에게 결혼하면 손자를 키워줄 테니 일을 계속하라고 했다. 그렇게 첫 손자를 기쁜 마음으로 행복하게 키웠다. 그런데 건강하고 순하게 예쁘게 잘 클 줄 알았던 아이가 두 돌이 지나도 말을 하지 않고 행동 모방도 하지 않았다. 꽃을 보거나 동물을 보아도 예쁘다고 하거나 만져보지도 않는 등 공감 능력이 안 보였다. 그 무렵부터 전자제품의 ON / OFF 스위치와 엘리베이터 문 여닫기에 유난히 집착했다. 단지 말이 늦을 뿐이라고 생각하면서도 한편에는 혹시 자폐가 아닐까 걱정되기도 했다. 어린이집 선생의 권유로 언어치료를 다니기 시작했지만 '내가 잘못 키워서 그런 것일까'라는 자괴감에 빠지기도 했다.

　인터넷 정보와 책을 통해 ABA가 효과적이라는 걸 알고, 우선 ABA 센터에 대기 신청을 해놓았다. 그 후 유치원을 보내기 위해 대학병원에서 진찰을 받았는데 언어발달지연 자폐성 진단을 받았고, 치료 방법으로 ABA를 추천해주었다. 때마침 대기하고 있던 ABA 센터에서 자리가 났다는 연락이 와서 얼마나 감사하던지!!

　아이는 유난히 글자와 숫자를 좋아한다. 말은 잘 못해도 한글을 깨쳐 책을 읽고 숫자도 100단위까지 알았다. ABA 센터에서는 아이가 글씨를 아니까 태블릿으로 언어 소통이 가능하다고 하면서, 말은 단지 의사소통의 한 수단일 뿐이라고 설명해주었다. 일단 한글의 자음, 모음의 조합을 알려주고 낱말카드로 발음도 교정하면서 동사, 명사, 형용사를 만들어 의사 표현을 하게 하였다. 자연스러운 방법으로 한글을 정확하게 가르쳐주어서, 지금은 말로도 요구하기와 소통하기가 어느 정도 가능하게 되었다. 외출할 때마다 상점의 자동 문열림 버튼이나 엘리베이터를 피해 다녀야 했지만, 해야 할 곳과 하지 말아야 할 곳, 해야 할 때와 하지 말아야 할 때를 반복해서 알려주었더니 시간은 좀 걸렸지만, 어느 날부터인가 손잡고 무사히 목적지에 갈 수 있게 되어서 이제는 외출이 두렵지 않다. 지금은 센터에 갈 때면 "어디 가지?" 하고 물으면 "ABA 가요"라고 즐겁게 얘기하고 공부한 내용을 집에서 열심히 복습하는 모범 학생이 되었다.

◇ ABA 체험 사례 ◇

ABA만 한 것은 없다는 말에 백 퍼센트 동감한다
허은정   만 3세 아이 엄마

아이가 다른 걸 12개월에 느꼈지만 정확한 진단은 27개월에 받았다. 자폐 진단과 함께 ABA, 언어치료, 감각통합치료를 하라는 조언을 받고 치료 센터를 찾았지만, 대기가 너무 길어 기약 없이 기다려야만 했다. 운 좋게 한두 달 후 ABA를 할 수 있었는데, 당시 아이는 언어와 인지가 전혀 되지 않았다. 네 돌을 앞둔 지금은 정말 많이 발전했다. 앞으로도 마찬가지겠지만, 그동안 정말 많은 우여곡절을 겪었다. 그리고 교육 방향만큼은 부부가 같아야 한다는 걸 절실히 느꼈다.

　아이는 편식이 심하고, 고집도 세고, 문제행동도 거친 편이다. 그날도 전문가의 도움을 받아, 자극할 만한 물건을 눈에 띄지 않는 곳에 두고 식탁에서 밥을 먹고 있었다. 그때 남편이 팬트리 문을 열었고, 그 안에 놓인 비눗방울을 본 아이가 당장 하겠다고 난리를 치기 시작했다. "밥 먹고 나서 비눗방울 할 거야"라고 말했지만 소용이 없었다. 아이의 거친 행동은 엄한 엄마와 단둘이 있을 때는 30분을 넘기지 않지만, 웬만하면 다 들어주는 아빠가 옆에 있으면 1시간을 넘겼다. 그런데 보다 못한 아빠가 아이 손을 잡고 "아빠랑 나가자"라고 말하자, 갑자기 아이가 벌떡 일어나 맘마 먹겠다고 하는 것이 아닌가. 아이가 원하는 것은 비눗방울이지, 아빠랑 나가는 것이 아니었던 거다. 아빠를 따라가면 비눗방울 못 하니, 밥 먹고 비눗방울을 하겠다는 생각이다. 그 순간 우리 부부는 아이의 인지가 발달하고 있다는 걸 느꼈다. 그때 우리 부부가 한마음이었으면, 아이와 한 시간 넘게 대치하는 일도 없었을 것이다.

　전문가는 물론이고 많은 의사까지 자폐 아이와 산만한 아이에게는 ABA 치료만 한 것은 없다고 입을 모으는데, 이 말에 백 퍼센트 동감한다. 인증된 전문가를 믿고 느리더라도 꾸준히 나아가야 한다고 생각한다. 그러기 위해서는 부부의 교육 방향이 같아야 한다. 그 후로 우리 부부는 더 열심히 노력 중이다.

◇ 목차 ◇

추천사　008

ABA 체험 사례　014

추천! 아이의 이런 행동이 고민인 분에게　024

왜? ABA(응용행동분석)인가　026

필독! 꼭 알아야 할 용어　028

당부! 이 책을 읽는 부모에게　030

글을 시작하며　032

PART 1

자폐부터 이해하기
진단 방법과 기준

자폐일까, 아닐까?　044
　　　　진단하는 방법 | 진단하는 기준

자폐 진단하는 시기　047
　　　　진단이 미뤄지는 이유 | '기다려보는' 것보다 더 바람직한 선택

자폐 여부 직접 체크해보기　050
　　　　[16~30개월 아동기 자폐 체크리스트 개정판(M-CHAT)] |
　　　　체크할 때 발생하는 오류 | 체크 항목에 담긴 의도

사회적 의사소통 기술 이해하기　056
　　　　[일반 아동의 의사소통 제스처 발달 과정]

자폐에 대해 알아보기　060
　　　　일반 아동과 자폐 아동의 차이 | [자폐성장애 진단 기준]

사회적 의사소통을 강조하는 이유　070
　　　　중재에서 가장 우선해야 할 과제

조기 중재하는 데 가장 효과적인 방법　072
　　　　부모가 가장 중시해야 할 부분

PART 2 ABA 기본기 실천하기
실천 포인트 32가지

1 실천하기 전 준비 단계 양육 환경과 태도 점검하기

01. '해주기' 줄이기   080
    학습할 기회를 만드는 첫 단계

02. 집 안 환경 단순하게 만들기   082
    결핍된 환경을 만드는 이유

03. '좋아하는 아이템' 간수하기   084
    통제권을 부모가 갖는 방법

04. 부모가 직접 건네주기   088
    건네줄 때 유의 사항

05. 떼쓸 때 모른 척하기   090
    떼쓰기 대응할 때 유의 사항

06. 좋아하는 아이템 개발하기   094
    새로운 아이템 활용하는 방법

07. 눈맞춤으로 마주 보기   096
    '까꿍놀이'로 연습하는 법

08. 과장해서 표현하기   098
    아이의 관심을 끄는 방법

09. 아이 이름 아껴 부르기   100
    이름을 불러야 할 때

10. 아이 행동 따라 하기   102
    '흉내 내기' 게임하는 방법

11. 몸으로 같이 놀아주기   104
    어른 주도의 대면놀이

12. 교대로 주고받기   106
    주고받는 상호성 게임

2 가장 먼저 실천해야 할 것 학습의 시작, 그리고 즐겁게 배우기

13. '강화하기'는 기본 중의 기본　112
    강화해야 하는 순간들

14. 0.1초 만에 즉시 강화하기　114
    돈 안 들이고 강화하는 방법

15. 성공하도록 옆에서 살짝 돕기　120
    살짝 도와줄 때 유의 사항

16. 정해진 자리 지키기　122
    학습 공간 만들 때 유의 사항

17. 장난감 놀이 가르치기　124
    '원인-결과' 장난감이 좋은 이유

18. '모방하기' 가르치기　126
    모방을 가르치는 첫 단계 | 신체 모방은 작은 동작부터 |
    모방에서 가장 어려운 부분

19. 시각적으로 가르치기　130
    시각을 활용하는 첫 단계 | 퍼즐 과제 | 샘플 매칭 과제

20. 성공 경험으로 가르치기　142
    스스로 하도록 도움 줄이는 방법

3 아이와 의사소통하는 법 — 언어, 활동, 역할 확장하기

21. 모든 단어 중계방송하기   152
     관심 갖는 물건 이름 부르기

22. 짧게 반복해서 말하기   154
23. 단어와 단어 덧붙이기   155
24. 지시 따르기 가르치기   158
     반복적인 지시나 명령은 NO

25. 적절한 요구 방법 알려주기   160
     부모의 손을 잡아끌 때

26. 손가락 포인팅 가르치기   162
     처음에는 터치하기부터 | 공동주의 가르치기 | '주세요' 제스처는 NO

27. 소통 기회 일부러 만들기   168
     [의사소통 기회 만드는 방법 8가지]

28. 아이의 발화 유도하기   170
     말소리 내도록 유도하는 방법 | 요구할 때 유도하기 |
     활동에 의미를 부여하기

29. 말 따라 하는 법 가르치기   174
     [말 흉내 유도하기 4단계] | 동작 모방이 가능한 아이 |
     음성 모방이 가능한 아이

30. 반향어도 괜찮아   178
     올바른 반향어 활용법 | 반향어로 시범 보이기 | 제스처로 가르치기

31. 질문하고 대답 유도하기   184
     질문할 때 유의 사항

32. 일상에서 언어 확장하기   186
     생활 속 의사소통 활용법 | 경험은 위대한 스승 |
     [새 단어 습득 유도하기 4단계]

ABA 생활 속 응용하기
전문가의 실전 노하우

문제행동 다시 정의하기　**194**
　　문제행동을 정하는 기준

문제행동의 원인을 찾아서　**196**
　　신체적·생리적 어려움 살피기

문제행동 다루는 기본 원칙　**199**
　　체벌이 효과 없는 이유 | 체벌을 남발하게 되면

문제행동 예방하기　**202**
　　문제행동 반복할 때 대처법

올바르게 지시하는 방법　**204**
　　반드시 해야 할 것을 지시할 때 | 부정 지시어의 예시 |
　　긍정 지시어의 예시

의사 물어볼 때 반발 줄이는 법　**208**
　　선택권 주는 방법

떼쓰는 아이 다루는 방법　**210**
　　아이가 격렬하게 저항할 때

올바른 타임-아웃 방법　**212**
　　타임-아웃과 타임-인

ABA는 기록의 학문!　**218**
　　찍고 또 찍고 많이 촬영하기

신체 발달에 신경 써야 하는 이유　**220**
　　사회성을 기르는 훈련

치료실 선택할 때 유의 사항　**222**
　　피해야 할 치료실 특징

ABA에 대한 오해와 진실　229
ABA 조기 중재의 핵심 8가지　234
　　아이에게 가장 좋은 강화제는?

글을 마치며　236
저자의 글　238

> **더 알아봅시다**
> - 질문 항목의 의미　054
> - ABA 교육 시 준비할 것들　134
> - 단어와 단어 덧붙이기 요령　156
> - 주의력결핍 과잉행동장애　198
> - 국내 ABA 센터 현황　226
>
> **칼럼**
> - '통제'에 대한 생각　086
> - 무시와 무반응의 차이　092
> - 강화물의 기본 법칙　116
> - 자폐 연구 프로그램, TEACCH　144
> - 제스처도 어렵다면 그림으로 보여주기　166
> - 모든 의사소통 형태에 반응하고 존중하기　182
> - 탠트럼(분노발작)에 대처하는 법　214

추천! 아이의 이런 행동이 고민인 분에게

만약 36개월 이전의 아이가 오른쪽과 같은 행동을 상당수 보인다면 자폐가 의심될 수 있다. 물론 이와 같은 행동을 보인다고 해서 무조건 발달장애나 자폐라고 단정 지을 수는 없다. 일반 아동 중에서도 비슷한 행동을 보이는 일이 종종 있어서다. 그렇다면 어떤 기준으로 이러한 행동이 자폐 증상인지 아닌지 판단하는 것일까? 그 기준을 PART I에서 확인해보자.

PART II에서는 부모가 가정에서 직접 아이의 행동을 형성하고 교육할 수 있는 실천 방법을 3개 챕터로 나누어 담았다. 이미 이 책을 읽고 있는 분이라면 아이의 진단 여부와 상관없이 어떻게든 집에서 아이에게 뭐라도 해보고 싶은 마음이 간절할 것이다. 아이가 자주 이상한 행동을 보여 불안하고 무엇을 어떻게 해야 할지 답답하다면 우선 이 책에서 소개하는 ABA 조기 중재 전략부터 하나씩 실천하자.

마지막 PART III에서는 아이의 문제행동이 나타났을 때 대처하는 방법을 설명하였다. 또한 문제행동에 대한 부모의 인식과 태도를 지적하고, 아이의 문제행동을 예방할 방법을 알려주었다. 아울러 ABA 교육에 필요한 몇 가지 팁도 추가하였다.

빠른 진단과 빠른 치료는 아동 교육의 불문율입니다

36개월 이전의 아이가 이런 행동을 보이는가?

- ☐ 아이가 눈을 맞추지 않고, 이름을 불러도 대답이 없다.
- ☐ 물건을 건네거나 보여주기, 빠이빠이, 손뼉치기, 포인팅하기, 고개 끄덕이기와 같은 제스처를 잘 쓰지 않는다.
- ☐ 특정한 물건, 동작, 활동에 지나치게 몰두한다.
- ☐ 울지도 않고 보채지도 않는다.
- ☐ 언어 습득이 느리고, 사회적인 옹알이가 보이지 않는다.
- ☐ 아무리 지켜봐도 사람을 똑바로 바라보지 않는다.
- ☐ 물건을 늘어놓거나 같은 동작을 끊임없이 반복한다.
- ☐ 자신의 머리를 때리는 등 자해 행동을 한다.
- ☐ 이상한 소리나 고음을 낸다.
- ☐ 다른 사람의 관심을 끌려고 행동하지 않는다.
- ☐ 끈, 나무 숟가락, 돌멩이, 문손잡이, 엘리베이터 버튼 같은 특이한 사물에 빠져서 정신을 못 차린다.
- ☐ 지나가는 사람들을 만지고 잡아당긴다.
- ☐ 다른 사람을 흉내 내거나 모방하지 않는다.
- ☐ 엄마와 즐거움을 공유하지 않는 것 같다.
- ☐ 혼자 놀기만 하고 자기주장이 없다.
- ☐ 물건의 냄새를 맡거나 맛을 보거나 눈을 흘겨보는 이상한 감각적 관심을 보인다.
- ☐ 혼을 내도 엉뚱한 소리만 하고 웃는다.
- ☐ 다른 사람의 손을 끌어 도구처럼 사용한다.
- ☐ 생후 30개월인데 단어로만 겨우 말을 한다.

왜? ABA(응용행동분석)인가

ABA란 무엇인가? ABA(Applied Behavior Analysis)는 간단히 말해 학습과 행동에 대한 과학이다. 학습이 어떤 원리로 일어나는지, 그리고 인간의 어떤 행동이 어떤 이유로 일어나는지를 밝히고, 이 원리를 적용함으로써 유용하고 바람직한 행동은 늘리고 해롭거나 학습에 방해가 되는 행동은 감소시키려는 학문이다.

ABA는 모든 인간에게 적용할 수 있지만, 특히 자폐와 같은 발달장애의 치료에 탁월하게 효과적이다. ABA가 등장한 지는 반세기가 훌쩍 넘지만 1985년 프린스턴 아동발달 연구소의 논문과 1987년 UCLA 아이바 로바스 박사(Dr. Ivar Lovaas)의 연구 결과가 발표되면서 큰 주목을 받기 시작했다. 당시 로바스 박사의 연구에서 ABA 중재를 받은 자폐 아동 19명 중 9명이 일반 아동과 비슷한 수준으로 개선되었음이 보고되었기 때문이었다. 이후 수많은 연구에서 반복적으로 이를 검증하였는데 결과적으로 ABA가 명백히 효과적이라는 사실이 끊임없이 증명되었다. 자폐와 관련된 다양한 중재 방법 간 비교 연구에서도 ABA는 어떤 치료법보다도 효과적인 결과를 지속해서 얻어냈다. ABA는 현재 가장 과학적이고 객관적으로 검증된 중재 방법으로 자리 잡았다.

자폐에 대한 연구와 치료가 가장 앞서 있는 미국에서는 가장 적절한 치료법으로 ABA를 권고한다. 미국의 국립정신건강연구소(NIMH, National Insitute of Mental Health), 질병통제예방센터(CDC, Center for Disease Control), 심리학회 산하의 여러 분과학회, 소아청소년정신의학회 등 기관들은 모두 하나같이 ABA 이론에 근거한 치료를 추천하고 있다. 미국은 특히 2014년부터 자폐 조기 치료에 보험 처리가 가능해짐에 따라 ABA 전문가와 기관의 수가 급격히 증가하고 있다.

또한 공립학교에서 발생하는 각종 문제행동을 다루는 효과적인 방법으로 ABA가 채택되

면서 '긍정적 행동 지원(PBS, Positive Behavior Support)'이라는 교육적 틀을 형성하는 데 기여하였다.

ABA는 모든 과제를 작은 단위로 잘게 쪼개어 학습시키는 체계적이고 구조화된 방법이다. 자폐 등 발달장애 아동에게는 이러한 ABA가 가장 효과적인 학습 방법이다. 예를 들어 아이가 '냉장고에 가서 우유 가져와'라는 말을 알아듣지 못해서 수행이 불가능하다고 하자. ABA에서는 '냉장고', '우유', '가다', '가져오다'라는 개념을 각각 가르쳐 터득시키고 다시 이를 모아서 긴 문장으로 된 지시를 수행할 수 있도록 가르친다. 이렇게 ABA는 모든 과제를 아이 스스로 통제할 수 있을 정도로 잘게 나누어 학습시키고, 점차 도움의 손길을 줄이면서 아이가 혼자 힘으로 할 수 있게 유도한다. 이 방법을 인내심을 갖고 일관되게 하다 보면 결국 아이는 자발적으로 주변의 도움 없이도 학교나 일반 사회 환경에서 배움을 지속할 수 있다.

ABA는 언어부터 인지, 사회성뿐만 아니라 옷을 입거나 양치를 하는 일상생활에 이르기까지 모든 영역의 기술을 가르치는 포괄적인 프로그램이다. 자폐에 대한 ABA의 효과를 보다 직접적으로 나타내는 말은, 로바스 박사가 표현한 대로 "ABA는 아이가 스스로 배우는 법을 배울 수 있게 돕는다"일 것이다. 국내에서도 ABA에 대한 인식과 신뢰가 높아지고 있는 것도 이와 같은 학문적 원리와 방향 그리고 과학적인 근거를 바탕으로 한 치료의 효과성 때문이다.

필독! 꼭 알아야 할 용어

✓ 자폐성장애 또는 자폐스펙트럼장애가 정식 진단명이다. 그러나 비전문가에게도 익숙한 '발달 지연', '발달에 어려움을 지닌 아동', '느린 아이'와 같은 표현도 함께 사용하였다.

✓ 조기 중재(Early Intervention)는 가능한 한 어릴 때 장애 아동의 발달을 증진하기 위해 제공되는 다양한 서비스를 총괄해 일컫는 용어로, 조기 개입이라고도 한다. 출생부터 취학 전 아동뿐만 아니라 그 가족까지 초점을 두고, 협력적이고 포괄적인 지원과 서비스를 제공한다.

✓ 강화물(reinforcer)은 아이의 동기를 자극하기 위해 아이에게 주는 보상이다. 아이가 좋아하는 아이템이라면 무엇이든 강화물이 될 수 있다. 장난감, 음식, 놀이, 활동 등을 활용하여 아이의 행동을 증가시키는 과정을 '강화(reinforcement)'라고 부른다. (PART Ⅱ. 13 '강화하기'는 기본 중의 기본, 112쪽 참고)

✓ 촉구(prompt)는 과제를 스스로 할 수 없을 때 옆에서 살짝 도와주어 성공하게 하는 것을 말한다. 중요한 것은 촉구 자체보다는 이로 인해 성공의 기쁨을 맛본 아이가 다음에 스스로 하려는 욕구를 만드는 데 있다. 촉구의 궁극적인 목표는 촉구 없이도 아이 혼자 힘으로 해낼 수 있게 만드는 일이다. (PART Ⅱ. 15 성공하도록 옆에서 살짝 돕기, 120쪽 참고)

✓ 샘플 매칭(MTS, matching to sample)은 제시된 것과 똑같은 사물/사진/그림을 이것저것 섞여 있는 가운데서 찾아내어 맞추는 것이다. 또한 말없이 시각적 정보만으로도 교육과 습득이 가능한 방법이다. 따라서 비교적 프로그램 초반에 실시하는 경우가 많다. (PART Ⅱ. 19 시각적으로 가르치기, 130쪽 참고)

✓ PECS (Picture Exchange Communication System)는 '그림 교환 의사소통 체계'라고 번역한다. 아이가 자신이 원하는 것을 그림이나 사진으로 보여주면 상대가 이에 해당하는 실물로 교환하여 제공하는 의사소통 방식을 말한다. (칼럼 '제스처도 어렵다면 그림으로 보여주기', 166쪽 참고)

✓ 반향어 (echolalia)는 다른 사람이 말한 것을 아이가 의미 없이 그대로 반복하는 것을 말한다. 자폐 아동의 경우 언어 단계 초기에 흔히 나타나는 현상이다. (PART Ⅱ. 30 반향어도 괜찮아, 178쪽 참고)

✓ 타임-아웃 (time-out)은 아동이 문제행동을 일으켰을 때 아이가 좋아하는 환경으로부터 2~3분 정도 잠시 분리함으로써 더 이상 문제행동을 일으키지 않도록 '경고'하는 대응 방법이다. 문제행동이 일어났을 때 아이를 억지로 의자에 앉히거나 방에 혼자 두는 등의 조치는 타임-아웃이라고 볼 수 없다. (PART Ⅲ. 올바른 타임-아웃 방법, 212쪽 참고)

✓ 탠트럼 (tantrum 또는 temper tantrum)은 아동이 자신이 원하는 것을 얻지 못하거나 금지를 당하여 그 절망감으로 인해 나타내는 극심한 분노 폭발을 말한다. 흔히 '분노발작'으로 번역된다. 탠트럼은 다분히 목표지향적이므로 자신의 분노를 받아줄 상대방이 있을 때 나타나며, 보통은 원하는 것을 얻는 순간 사라진다. 피곤하거나 배가 고프거나 기분이 나쁠 때 더 자주 나타날 가능성이 높다. 이와 비슷한 것으로 멜트다운(meltdown, 심리탈진)이 있다. (칼럼 '탠트럼(분노발작)에 대처하는 법', 214쪽 참고)

당부! 이 책을 읽는 부모에게

조기 진단과 조기 중재는 발달장애 아동의 치료와 교육에 불문율이다. 아이의 행동이나 언어 등에서 장애가 의심된다면 하루빨리 가까운 전문의에게 진단받고 치료를 시작할 것을 권한다. 이미 국내 전문의들의 진료 대기열은 최소 몇 달, 길게는 1~2년이다. 이 책은 부모가 진료 대기를 기다리는 동안 가정에서 당장 해볼 수 있는 ABA 실천 매뉴얼이지만, 조기 진단과 조기 중재를 결합하였을 때 효과를 극대화할 수 있다. 오직 이 책만으로 아이를 정확히 진단하거나 획기적으로 향상시킬 수 없다.

자폐란 신경 발달 손상으로 인해 사회적 상호작용에 결함이 발생한 장애다. 자폐 아동을 교육할 때 최우선으로 고려해야 할 사항은 아이의 사회적 의사소통과 상호작용 기술이다. 말을 틔우거나 인지 수준을 높인다고 해서 저절로 이 문제가 해결되지는 않는다. 그러므로 이 책을 읽는 내내 아이의 사회성을 어떻게 향상하고 발전시키느냐에 초점을 맞춰야 한다.

아이를 교육하려면 '부모' 모드와 '치료사' 모드를 잘 넘나들어야 한다. 부모의 양육이 곧 교육의 전부라는 말이 있다. 아동 발달 교육에 부모의 역할이 그만큼 중요하다는 의미다. 아이가 안쓰러워서 모든 것을 대신 해주고 싶은 마음은 충분히 이해하지만 그런 부모의 태도가 오히려 아이의 학습 기회를 빼앗아버릴 수 있다. 그러나 부모는 결코 치료사가 아니다. 무언가를 가르칠 때 엄격하고 냉정할 필요는 있지만, 아이가 의지하고 기댈 수 있는 세상의 마지막 한 구석은 바로 부모다. 그러므로 아이에게 사랑을 쏟아붓는 '부모' 모드와, 냉정한 시각에서 아이를 교육하고 훈련하는 '치료사' 모드 중간에서 균형점을 잘 잡아야 한다.

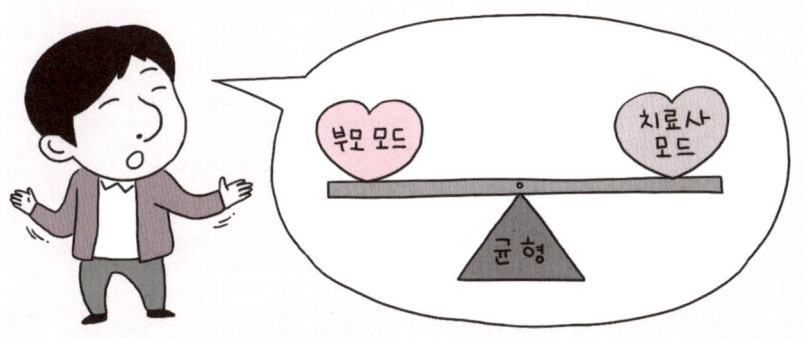

어떤 단계를 적용하더라도 아이의 반응은 더디게 나타날 것이다. 모방, 포인팅, 지시 따르기 등은 일반 아이라면 따로 배우지 않아도 너끈히 할 수 있는 행동이다. 하지만 자폐 아동은 일일이 별도로 가르쳐야 한다. 그것도 수없이 반복해야만 가능하다. 그래서 이 방법의 효과에 끊임없이 회의가 들 수도 있다. 하지만 누군가의 말처럼 아이들은 정말 손톱만큼씩 자란다. 늘 곁에 있는 사람들의 눈에는 아이의 발전이 잘 보이지 않을 수도 있다.

　핵심은 포기하지 말고 일관되게 꾸준히 하는 것이다. 몇 번 해봤는데 안 된다고 자신의 능력을 깎아내리거나 아이가 못 할 거라고 판단해서는 절대 안 된다. 물론 전문가라면 진도가 안 나갈 때 원인을 찾아 적절한 조치를 할 수 있다. 그러나 대부분의 경우 전문가에게 내려지는 처방조차도 '일관성'과 '꾸준함'이다. 이 원리는 부모에게도 동일하게 적용된다.

책의 구성은 아동의 발달 단계를 고려하여 비교적 순서대로 적용하였다. 무작정 처음부터 아이에게 내용을 적용하기보다는 우선 책 전체를 꼼꼼히 읽어본 뒤 아이의 발달 상황에 맞는 부분에서 시작하는 것이 좋다. 물론 당장 필요한 부분을 골라 적용하는 것도 상관없다. 다만 각 단계의 실천 포인트는 반드시 한 번에 하나씩 적용하면서 앞 단계의 실천 포인트가 숙달된 후에 다음 단계로 넘어가기 바란다. 아이를 교육하는 일은 100미터 달리기가 아니라 마라톤에 가깝다. 전문가들도 각 단계의 원리를 숙달하기 위해 굉장히 오랜 시간을 투자한다.

◇ 글을 시작하며 ◇

장면 ①

> 아이가 느리다는 걸 의심하기 시작한 건 말할 때가 지났는데도 말을 하지 않아서였어요. 사실 돌을 지나고부터 우리 아이가 다른 애들과 달리 조금 이상하다는 생각은 들었어요. 신체 발달은 이상이 없는데, 이름을 불러도 반응이 없어서 혹시 귀가 안 들리는 걸까 싶다가도 자기가 좋아하는 소리에는 금방 반응했거든요.
>
> 처음에는 대수롭지 않게 여겼는데, 혹시나 하는 불안감이 머리를 스치는 순간 아이 행동이 다 이상해 보이기 시작했어요. 가만히 앉아 있지 못하고 계속 돌아다니고, 끊임없이 문을 여닫거나 엘리베이터에 집착하기도 했고요, 손을 자꾸 펄럭거리고 눈을 흘기면서 사물을 바라보기도 했어요. 장난감도 원래대로 가지고 놀지 않고 그냥 일렬로 나열하거나 뒤집어 놓고 바퀴만 빙빙 돌리곤 했어요.
>
> 물론 가장 걱정인 건 말이 너무 늦다는 점이었죠. 가끔은 자기가 필요한 것이 있을 때 엄마나 아빠를 찾아와 손을 끌고 가는 적도 있지만, 그게 의사 표현의 전부였어요. 그리고 아이가 우리 부부와 마음을 주고받는다는 느낌이 들지 않았어요. 대부분 혼자 놀이에 빠져 있었고 TV, 스마트폰, 한글, 알파벳 같은 것에 몰두해 있을 때가 많았습니다. 우리 부부는 점점 더 불안해지기 시작했어요. 하지만 아이마다 발달 속도가 다르다고 하니 우리 아이도 그냥 좀 늦는 거야, 라며 억지로 자신을 안심시켰습니다.

장면 ②

부모의 의심이나 불안과 달리 가족과 친구들은 부모가 예민해서 그렇다거나, 너무 걱정하지 말고 좋게 생각하라고 조언한다. 혹은 반대로, 아이가 조금 이상하다고 느끼는 당사자가 꼭 엄마아빠가 아닌 경우도 있다. 아이가 첫아이거나 외동인 경우엔 오히려 양육 경험이 있는 친정 엄마, 비슷한 또래를 키우는 주변 엄마들, 혹은 어린이집이나 유치원 교사가 먼저 이상을 발견하기도 한다.

이런 걱정과 불안을 해소하기 위해 우선 찾는 곳은 인터넷이다. 이 카페, 저 블로그를 들여다보면서 아이의 개월 수와 증상에 맞춰 비슷한 사례를 읽어보거나 검색을 하고, 아예 아이 정보를 올리면서 자문하기도 한다. 하지만 그 과정에서 이번에는 온갖 정보가 쏟아진다. 세 돌이 넘어도 말을 못 하면 영영 말을 못 배운다는 사람도 있고, 아이의 발달이 느린 것은 TV를 너무 많이 보거나 좌뇌 우뇌가 불균형한 탓이라는 주장도 있다.

인터넷과 서점에는 아이의 발달과 관련된 온갖 증상과 원인과 치료법과 전문가의 이름이 떠다닌다. 언어 지연, 발달장애, 자폐, 발달 지연, 유사 자폐, 반응성 애착 장애, 발달 지체 등 수많은 진단명의 홍수에 빠져 익사할 지경이 되면 그제야 도움을 얻기 위해 아이가 다니고 있거나 집에서 가까운 동네 소아청소년과를 찾는다. 그러나 의사는 부모에게 이런저런 사항을 묻고 아이를 관찰한 뒤에 아이가 아직 너무 어리니 조금 더 지켜보자면서, 적어도 만 3세는 되어야 판단을 할 수 있다고 얘기해준다. 한마디로, 속 시원한 대답을 전혀 들을 수 없다.

장면 ③

> 몇 달을 기다려도 아이가 나아지기는커녕 다른 애들보다 자꾸 발달이 뒤처졌어요. 여전히 말은 못 하고요. 그래서 찾아간 곳이 대학병원 소아정신과였어요. 그런데 유명하다는 선생님은 초진에만 1~2년을 대기해야 한다고 했어요. 무작정 기다릴 수는 없으니 좀 더 대기가 짧은 의원을 찾아갔어요. 거기서 처음으로 우리 아이의 진단명을 들었습니다. 오진이라고 생각했어요. 우리 부부는 그럴 리가 없다고 생각했어요. 그래서 다른 의사 선생님을 찾아갔어요. 거기서는 다행히 다른 얘기를 해주셨어요. 하지만 그것도 오래가지 못했어요. 또 다른 선생님을 찾아갔는데 거기서는 또 전혀 다른 얘기를 해주셨거든요. 같은 의사인데도 우리 아이에 대해 정확히 말해주는 사람이 없었어요. 그때 느꼈던 막막함이란 …….

장면 ④

부모가 혼란에 빠지는 동안에도 아이는 여전히 자라고 있다. 그래서 부모는 더 늦기 전에 뭐라도 시작해야 한다고 생각하고 다시 정보를 검색하기 시작한다. 하지만 정작 무엇을 시작해야 할지 막막하기는 매한가지다. 인터넷에는 정보가 넘쳐난다. 그래서 오히려 혼란스럽다. 주장이 서로 다르고 의견이 엇갈린다. 그리고 발달이 느린 아이에게 필요하다는 치료의 종류가 너무 많다. 감각통합치료, 언어치료, 행동치료, 놀이치료, 작업치료, 특수교육, ABA, 인지치료, 생의학, 특수체육, 식이요법, 심리 운동, 비타민요법, 뉴로피드백, 고압산소, 청각통합치료 등. 이전에 단 한 번도 들어보거나 접해보지 못했던 새로운 단어들에 압도당한다.

어떤 치료를 먼저 받아야 하나? 좋은 치료실은 어디에 있나? 이 방법이 과연 맞을까? 어떤 사람은 이 방법이 최선이라고 하는데 또 다른 사람은 절대 그 방법은 안 된다면서 정반대로 얘기한다. 그러다 보니 부모들은 어디서부터 시작해야 할지 더더욱 알 수 없다. 아이가 아예 말을 못 할까 봐 걱정이고, 좋아질 수는 있는지, 이상한 행동은 언제쯤 멈출지 궁금증만 더해진다.

아이가 어릴수록 이런 마음은 더 커진다. 부모의 마음이 조급해질수록 아이의 발달은 더 느리게만 느껴지고, 아이에게 변화가 없는 것 같은 마음에 금세 낙담하고 희망을 잃는다. 가장 견디기 어려운 일은 미래에 대한 불확실성이다. 여전히 주변 가족과 친구들은 걱정하지 말라고 조언하며 안심시키지만, 이제는 그들이 전문가가 아니라는 사실을 안다.

더 이상 위로의 말은 소용이 없고 와 닿지도 않는다. 아이로 인해 위축된 마음 때문인지 점점 이들과도 멀어지기 시작한다.

장면 ⑤

>> 대기가 긴 건 병원만 그런 게 아니더라고요. 유명한 치료센터도 빈자리가 없어서 오래 기다려야 한다고 했어요. 다행히 곧바로 들어갈 수 있는 곳이 있어서 등록했죠. 주 2회, 한 시간씩이었어요. 치료비는 뭐가 이렇게 비싼지……. 게다가 처음엔 아이가 울고불고 눈물 콧물 빼다가 시간을 다 보내기도 했어요. 그나마 지금은 좀 적응이 된 것 같아요. 그러다가 대기실에서 만난 어떤 엄마랑 얘기하게 되었는데 새로운 치료 정보와 센터를 말해주더라고요. 인터넷 카페에 물어보니 거기서도 그 치료가 좋다고 하기에 추가했죠. 지금은 센터 다섯 곳을 다니고 있어요.

사실 아이를 보내면서도 이게 맞나 싶기도 하죠. 치료실 안을 볼 수 없으니 뭘 하나 답답하기도 해요. 물론 선생님이 수업 후 내용을 상담해주면 좀 알겠는데, 막상 집에 오면 아무 생각도 나지 않더라고요. 뭐, 전문가들이니까 알아서 잘 해주시겠지 하고 믿지만 솔직히 이게 아이에게 어떻게 작용을 하고 어떻게 효과를 나타내는지는 잘 모르겠어요.

이젠 정말 잘 모르겠어요. 지금 하는 이 치료들이 최선일까요? 요샌 그냥 무기력해지고 우울하고 그러네요. 하루가 어떻게 가는지도 잘 모르겠어요.

이 글을 읽고 있다면 여러분은 앞의 다섯 장면 중 지금 어느 장면에 서 있는가? 혹여 글 내용의 어느 부분이 현재 자신이 처한 상황과 너무 비슷해서 가슴이 철렁했을지도 모르겠다. 사실 위 장면은 가상으로 만든 내용이다. 그런데도 글의 내용이 생생하게 느껴졌다면, 그것은 우리의 경험과 처지가 모두 대동소이한 탓이고 이 글을 쓰고 있는 나 역시 비슷한 과정을 겪었던 탓이다.

이미 당신은 아이의 발달이 그냥 좀 느린 것 말고도 다른 아이와 어딘가 아주 다르다고 느꼈을 것이다. 그래서 어떤 이는 자폐를 의심하고, 또 어떤 이는 이미 아이의 진단명을 받았을 수도 있다. 한편으로 어떤 이는 그런 불경스러운 단어는 입 밖으로 꺼내고 싶지 않을 수도 있다. 그래도 괜찮다. 당신만 그런 것이 아니니까. 어쩌면 실제로 아이가 그냥 많이 느리기만 한 것인지도 모른다. 우리 모두가 기다리는 것은 '행복한 오진'일 수도 있다.

그러나 한 가지 면에서 우리는 모두 같은 처지다. 아이의 상태를 인정하고 말고를 떠나, 하루라도 빨리 아이에게 무엇이든 해주고 싶은 부모라는 것이다. 그런 점에서 이 책을 읽고 있는 분은 아주 부지런하고 용감하다.

이제 막 의심이 시작된 단계에 있는 분이든, 내 아이는 아닐 거라고 믿는 분이든, 이미 치료의 세계에 발을 들인 분이든, 진단을 받고 장애를 인정한 분이든, 뭔가를 시작하기에는 너무 늦어버린 것은 아닐까 걱정하는 분이든, 각자 어떤 위치에 있든 상관없이 발달이 느린 아이를 둔 부모 모두에게 차별 없이 도움이 될 만한 내용을 담으려고 노력했다.

무슨 일부터 시작해야 하는지, 어떤 치료를 먼저 받아야 할지 알지 못해 혼란스럽고 막막한 부모에게, 여전히 아이의 발달이 심히 염려되지만 주변 사람들의 조언이 너무도 달라서 길을 잃은 부모에게, 그래서 오히려 진단을 늦추거나 거부하고 있는 부모에게, 이 책에 있는 손쉬운 전략들을 우선 가정에서 직접 하루빨리 실천해보길 권한다.

이 책은 자폐 등 발달상에 어려움이 있는 아이를 위한 책이라는 점에서 일반적인 양육서하고는 다르다. 아이의 발달이 다행히 그저 느리기만 한 것이면, 발달 속도에 차이가 있을 뿐 전통적인 육아 방식으로도 잘 반응하여 성장할 수 있다.

하지만 반대로 기다림, 공감, 경청, 반응, 마음 읽기와 같은 훌륭한 육아 키워드가 내 아이에게는 별 소용이 없다면 양육 방법이 근본적으로 달라야 한다. 전통적인 방법은 자폐가 있는 아이를 교육하는 데는 별 효과가 없기 때문이다. 심지어 양육의 달인이라도 마찬가지다. 자폐 아동을 키우는 데는 전혀 다른 양육 방식이 필요하다. 그 한가운데에 바로 ABA(응용행동분석)가 자리 잡고 있다.

이 책은 ABA라는 학문을 바탕으로 쓰였다. ABA가 발달장애 영역에서 탁월함이 두드러지면서 국내에서는 최근 몇 년 사이에 빠르게 확산하였다. 그런데도 ABA가 학문의 영역에 있다 보니 원리나 용어가 어렵게 느껴지면서 접근이 쉽지 않다. 하지만 인간의 삶과 행동이 밀접한 만큼 ABA는 오래전부터 우리 주변 어디에나 있었다. 훌륭한 행동에 상을 주고 나쁜 행동에 벌을 내리는 것도 ABA 원리 중 하나다.

ABA는 완전히 새로운 것이 아니다. 어떤 이에게는 이 책이 평범한 양육 가이드북으로 보일 수도 있다. 그런 의견도 틀린 의견은 아니다. 발달이 느리든 빠르든, 장애가 있든 없든, 아이를 낳고 키우는 일은 모든 부모에게 똑같은 일이기 때문이다.

안타깝지만 현재 국내 ABA 전문가와 기관은 비용이 많이 들고 그나마 몇 군데 되지 않다 보니 수용 인원에도 한계가 있어 대기열이 길다. 또 주로 서울과 수도권에 집중되어 있어서 지방의 부모한테는 더욱 좋지 않은 상황이다. 아무리 멀어도 좋으니 아이를 데리고 가겠다는 전화부터, 여기는 시골이라 ABA는커녕 기본적인 치료도 받을 곳이 없어서 답답하다는 하소연까지 안타까운 사연의 전화를 받을 때마다, 기초적인 ABA 이론이나마 알려드릴 방법을 고민했다. 그래서 이 책이 특히 ABA의 혜택이 잘 닿지 않는 지방에 있는 아동과 부모에게 도움이 되었으면 한다.

이 책은 ABA 교육서 중 난이도가 가장 낮은 왕초보를 위한 기초편이다. 발달장애 아동 교육에 필요한 아주 기초적인 내용을 중심으로 다루었다. 전문용어 대신 일반적인 어휘와 표현을 사용하여 쉽게 이해할 수 있도록 하였다. 좀 더 이해를 돕기 위해 삽화와 카툰을 넣었다.

　당연히 이 책이 전문가나 훌륭한 치료 프로그램을 대체할 수 있다고 생각하지는 않는다. 다만 오늘도 고군분투하고 있는 부모에게 조금이나마 도움이 되어서, 당장 전문가가 없더라도 아이를 위해 우선적으로 할 수 있는 일부터 시도하기를 바랄 뿐이다. 실제로 이 책에 있는 이론과 전략들은 현장에서 치료사들이 사용하고 있는 것과 크게 다르지 않다.

　이 책은 크게 3개의 파트로 구성되어 있다. PART Ⅰ은 아이의 증상을 이해하고 이를 선별 진단하는 방법을 수록했다. PART Ⅱ는 다시 3개 챕터로 나누어 가정에서 부모가 직접 아이들을 교육할 수 있는 ABA 실천 전략을 최대한 자세히 설명하였다. 마지막 PART Ⅲ는 주로 아이의 문제행동에 관련된 원칙을 실었다.

　맨 앞부터 차례대로 읽어도 좋지만, 시간이 없으신 분은 목차를 보고 필요한 부분을 골라서 읽어도 좋다. 자, 그럼 시작해보자.

자폐에 대한 이해를 높이는 것은
아이에 대한 이해를 높이는 일임과 동시에
아이가 자폐에 해당하는지 여부를 판단할 방법이기도 하다

PART I

자폐부터 이해하기

진단 방법과 기준

"우리 애는 제가 제일 잘 알아요."

많은 부모에게서 자주 듣는 말이다. 아이가 어릴수록 아이에게는 부모가 세상 전부이다 보니 당연히 아이를 가장 잘 알고 있는 사람은 부모가 맞다. 하지만 부모에게 다음 문제는 내 아이에 대한 이해가 아니라 아이를 양육하는 데 대한 이해 자체가 적다는 점이다.

당연한 일이다. 우리는 아이를 낳고 기르는 법에 대해서 어디서도 정식으로 배워본 적이 없다. 육아는 원래 어려운 일이다. 심지어 양육과 육아의 달인일 것 같은 베스트셀러 작가나 교육 전문가도 마찬가지다. 만약 그들에게 "선생님은 자녀분을 정말 잘 키우셨겠네요"라고 말한다면 아마 십중팔구 멈칫할 것이다. 육아 전문가가 되는 것과 내 아이를 잘 키우는 것은 정말 다른 이야기다.

일반 아이도 이러한데, 아이가 발달에 어려움이 있다면 더욱 그렇다. 그것이 내 아이라면 어려움은 더욱 가중된다. 그래서 아이를 잘 키우려면 무엇보다 내 아이에 대해 깊이, 그리고 객관적으로 이해해야 한다.

이번 PART I에서는 발달장애가 있는 아이들의 행동 특성은 어떤지, 그러한 행동의 원인은 무엇인지 알아보았다. 이를 위해서는 어쩔 수 없이 '자폐'라는 세계를 이해해야 한다. 물론 아이의 발달이 느리다고 해서 모두 자폐로 진단받는 것은 아니다. 또한 발달이 느리다고 해서 모든 아이에게 평생에 걸친 특수교육이나 치료가 필요한 것은 더더욱 아니다.

그런데도 자폐를 먼저 이해해야 하는 것은 자폐 아동의 증상이나 원인이 단순 발달 지연을 보이는 아동과 근본적으로 다르기 때문이다. 자폐에 대한 이해를 높이는 것은 아이에 대한 이해를 높이는 일임과 동시에 아이가 자폐에 해당하는지 여부를 판단할 방법이기도 하다. 따라서 여기서는 자폐를 진단하는 방법과 기준에 대해 소개하였다.

자폐일까, 아닐까?

PART 진단 방법과 기준

 허무한 얘기지만, 지금 이 글을 쓰고 있는 현재까지도 자폐의 생리학적 원인은 밝혀지지 않았다. 지금까지 의학적으로 유일하게 밝혀진 바는, 자폐란 대뇌의 신경발달학적 장애이고 후천적인 양육과는 관계가 없다는 점이다. 그래서 자폐의 원인을 확실하게 찾아낸다면 단연 노벨의학상 감이라고 해도 과언이 아니다.

 자폐가 과도한 TV 시청이나 좌뇌·우뇌 불균형 때문이라는 식의 논리는 혈액형으로 성격을 판단할 수 있다는 이론과 크게 다르지 않다. 이런 것을 '유사 과학'이라고 한다. 유사 과학이란 겉으로는 과학처럼 보이지만 실제로는 전혀 과학적이지 않은 것을 말한다. 앞서 얘기한 뇌 불균형설, 혈액형 성격설 외에도 지구 편평설, 육각수 이론, 바이오리듬, 글루텐 유해설, 해독주스, 동종요법, 숙변 이론, 음이온, 뇌 호흡 등 종류가 헤아릴 수 없다. 자폐의 의학적 원인이 밝혀지지 않은 만큼 혈액검사나 MRI 등 의료상의 검사를 통해 자폐를 진단하는 방법도 존재하지 않는다.

 그렇다면 자폐를 진단하는 방법은 무엇인가. 현재로서는 아이의 행동에서 나타나는 자폐

자폐의 의학적 원인은 밝혀지지 않아서,
혈액검사나 MRI 등 의료상의 검사로 진단할 수 없다

진단하는 방법

적 특성을 확인하는 것이다. 일반적으로 우리가 알고 있는 자폐의 증상은 대개 영화나 드라마에서 봤음 직한 행동이고, 그래서 우리 머릿속에는 자폐에 대한 일정한 이미지가 있다. 눈맞춤이 어렵고 물건을 빙빙 돌리는 행동, 손을 펄럭이거나 몸을 흔들거나 계속 돌아다니는 행동, 장난감을 일렬로 늘어놓거나 문 여닫기를 반복하는 행동 등이 그것이다. 어떤 아이들은 TV나 비디오에서 본 문장이나 단어를 앵무새처럼 끊임없이 반복하기도 하고, 또 어떤 아이들은 원하는 것을 얻으려고 법석을 떨거나 탠트럼, 즉 분노발작을 일으키기도 한다.

이런 자폐의 증상이 아이들 모두 똑같은 것이 아니다. 어떤 아이는 물건을 돌리거나 일렬로 늘어놓지 않는다. 어떤 아이는 눈맞춤을 잘하고, 어떤 아이는 손을 펄럭이거나 몸을 흔드는 대신 까치발로 걷고 모든 물건을 입으로 가져간다. 감기에 걸리면 기침, 재채기, 콧물, 코막힘, 발열 등의 정해진 증상이 나타나지만, 자폐는 행동에서 나오는 특성이 아이마다 다 다르고 조합도 가지각색이다. 그것이 자폐의 정식 진단명에 '스펙트럼'이라는 명칭이 붙은 이유다. 심지어 "당신이 자폐가 있는 사람을 한 명 알고 있다면, 당신이 알고 있는 자폐는 그 한 명뿐이다"라는 유명한 말도 있다. 그래서 자신의 아이에게서 평소 갖고 있던 자폐 이미지 속의 행동이 관찰되지 않으면 '우리 아이는 자폐가 아니다'라는 결론을 내리는 오류가 발생하기도 한다.

당신이 자폐가 있는 사람을 한 명 알고 있다면, 당신이 알고 있는 자폐는 그 한 명뿐입니다

진단하는 기준

자폐를 진단하는 데는 자폐의 행동적 특징에 일정한 기준을 정하고 그에 따라 판단하는 방법을 사용한다. 현재 자폐 진단의 기준으로 널리 사용하고 있는 것으로 미국 정신의학회의 〈정신장애 진단 및 통계 편람(DSM, Diagnostic and Statistical manual of Mental Disorders)〉이 있다. 여기에서 자폐를 진단하는 기준은 다음과 같다.

[자폐성장애 진단 기준 (DSM-5)]

아래 A, B, C, D 기준을 모두 만족해야 함	
A 사회적 의사소통과 사회적 상호작용의 결함 (오른쪽 3가지 모두 해당하여야 함)	① 사회 · 정서적 주고받기 결함
	② 비언어적 의사소통의 결함
	③ 보호자 외 사람과의 관계 맺기와 유지의 결함
B 제한적이고 반복적인 행동 · 관심 · 활동을 보임 (오른쪽 4가지 중 2가지 이상 해당하여야 함)	① 반복적이고 상동적인 행동
	② 동일 형태의 고집, 동형 반복에 집착
	③ 제한적이고 고정된 관심사
	④ 감각 자극에 민감 또는 둔감
C 유아기 조기에 나타남	
D 일상적인 기능에 뚜렷한 손상이 있음	

※ 자세한 소개는 'PART I. 자폐에 대해 알아보기' 60~69쪽 참고

어떤가? 여전히 이해하기가 쉽지는 않을 것이다. 실제로 명확하게 자폐를 진단하는 일은 전문가에게도 결코 쉬운 일은 아니다. 당연히 비전문가인 부모에게는 더욱 어려운 일이다. 그러므로 아이가 앞서 말한 행동 특성을 보인다면, 되도록 빠른 시일 내에 전문가에게 진단을 의뢰할 것을 권한다.

PART I 진단 방법과 기준 > 자폐 진단하는 시기

자폐에 불문율이 하나 있다. 바로 진단과 중재는 빠를수록 좋다는 것이다. 진단을 받는 것은 가족이 보다 일찍 아이를 이해하고 아이에게 필요한 중재를 결정하는 데 아주 유용하다. 또 향후 특수교육 등의 서비스를 적절하게 받을 수 있는 기준이 된다.

만일 조기에 치료와 교육을 시작하지 않으면 유아기에 사회적 의사소통에서 나타나는 아주 사소하고 작은 문제가 학령기와 성인기로 갈수록 점점 커져서 훨씬 더 큰 문제행동이나 학습 문제로 발전할 수 있다. 이처럼 자폐 증상은 아동의 전반적인 발달에 영향을 끼치므로 가능한 한 빨리 치료와 교육을 시작하는 것이 매우 중요하다.

국내 보건복지부에서 실시하는 영유아 건강검진에서 영유아 정서와 사회성에 대한 문진이 실시되는 시기는 42~48개월 때다. 아이의 증상이 염려되어 소아청소년과를 방문해도 만 3세까지는 기다려볼 것을 권유하는 이유다. 그러나 경험이 많은 전문가는 18개월에서 24개월이면 진단을 내릴 수 있다. 조기 진단은 조기 중재를 이끌게 된다.

자폐 증상은 아동의 전반적인 발달에 영향을 끼치므로
가능한 한 빨리 치료와 교육을 시작하는 것이 매우 중요하다

진단이 미뤄지는 이유

미국 소아학회(American Academy of Pediatrics)는 18~24개월에 자폐 선별검사를 할 것을 권장하고 있다.

진단이 미뤄지는 이유 중 하나는 공포다. 대개 부모는 아이에게 이상이 있다는 생각만으로도 두려움에 사로잡힌다. 자폐라는 진단명은 상상 이상으로 강력하고 엄청난 무서움을 안겨준다. 그래서 부모 중에는 진단을 애써 외면하는 경우가 많다. '우리 아이는 아닐 거야', '아이 증상이 가벼우니까 금방 사라질 거야'라는 '느낌'에 근거해서 잘못된 교육 방향을 결정하기도 한다.

그러나 이런 방법은 절대 바람직하지 않다. **아이의 진단이 빠를수록 대처도 빨라진다.** 그리고 아이의 증상이 심각하지 않더라도 우선 아주 중증일 수도 있다고 가정하는 것이 낫다. 그래야 조금이라도 어린 나이에 집중적인 교육을 받을 수 있으며, 궁극적으로 효과성과 비용에서도 유리하다.

'우리 아이는 아닐 거야', '아이 증상이 가벼우니까 금방 사라질 거야'라는 '느낌'에 근거해서 잘못된 교육 방향을 결정하기도 한다

'기다려보는' 것보다 더 바람직한 선택

왜 우리에게 자폐는 이리도 무서운 것일까? 그것은 아마도 정작 자폐가 무엇인지 잘 모르는 사회적 인식 때문일 것이다. 자폐는 주변에서 흔하게 목격되지도 않고, 외모에서는 잘 드러나지 않다 보니 자폐를 접할 기회가 많지 않다. 그래서 막연하게 미디어에서 접했던 이미지대로 자폐를 절망적인 것으로, 혹은 폭력성을 띠는 정신질환의 일종으로 여기는 경향이 있다. 어떤 부모는 '자폐'라는 단어는 어떻게든 피하고자 '유사 자폐' 같은 정체불명의 용어를 사용하기도 하고, '우리 아이는 자폐는 아니고 자폐 성향이 있다'고 얘기하거나 '발달장애'라는 조금 부드러운(?) 단어를 사용하기도 한다.

하지만 조기 진단과 치료는 그냥 '기다려보는' 것보다 더 바람직한 선택이자 아이의 발전을 가속하는 지름길이다. **조기 진단과 조기 치료는 불문율이다.** 그리고 너무 미리 염려하지 말라고 말하고 싶다. 설령 아이가 자폐 진단을 받는다고 하더라도, 자폐 아동을 키우는 가족들의 삶 또한 여느 가족들과 다를 바 없다. 물론 삶의 방향이 이전과는 많이 달라진 것은 사실이지만.

조기 진단과 치료는 그냥 '기다려보는' 것보다 더 바람직한
선택이자 아이의 발전을 가속하는 지름길이다

PART I 진단 방법과 기준

자폐 여부 직접 체크해보기

조기 진단이 필수라고 하지만 시간과 비용의 한계로 인해 모든 아이가 정밀한 진단을 받을 수도 없고, 실제로 진단검사를 해야 하는지가 모호한 경우도 많다. 이럴 때 진단검사의 필요성 유무를 결정하기 위해 실시하는 것이 선별검사(screening test)다. 선별검사는 정밀진단에 앞서 부모의 설문이나 체크 등을 통해 비교적 간단하게 실시할 수 있다. 이미 인터넷 등에서 자료를 구해 직접 해본 분도 있을 것이다.

여기서는 **16~30개월령의 유아를 대상으로 고안된 '아동기 자폐 체크리스트 개정판 (M-CHAT, Modified CHecklist for Autism in Toddlers)' 선별 도구를 소개하였다.** 먼저 다음 20개 질문에 '예', '아니요'를 체크한다. 질문에 따라 '예'와 '아니요'의 순서가 바뀐 곳도 있으니 주의한다. 답변이 끝났으면 이제 '2번'으로 답한 문항의 개수를 세어본다. 결론은

- 3~7개일 경우 요주의 대상이고,
- 8개가 넘을 경우엔 즉시 전문의를 찾아 진단과 조기 치료를 시작할 것을 권한다.

선별검사는 진단검사의 필요성 유무를 결정하기 위한 것으로,
비교적 간단하게 실시할 수 있다

[16~30개월 아동기 자폐 체크리스트 개정판(M-CHAT)]

1 방에서 멀리 떨어진 곳에 있는 것을 가리키면 아이가 그것을 쳐다보나요?	1. 예　　2. 아니요
2 아이가 청각장애가 있는지 의심해본 적이 있나요?	1. 아니요　　2. 예
3 아이가 역할놀이나 가상놀이(pretend play)를 하나요?	1. 예　　2. 아니요
4 아이가 어딘가를 자꾸 올라가는 것을 좋아하나요?	1. 예　　2. 아니요
5 아이가 손가락을 자기 눈 가까이에 두고 이상하게 움직이나요?	1. 아니요　　2. 예
6 아이가 뭔가를 요구하거나 도움을 요청할 때 손가락으로 포인팅하나요?	1. 예　　2. 아니요
7 아이가 자신이 관심이 있는 것을 보라고 손가락으로 가리키나요?	1. 예　　2. 아니요
8 아이가 다른 또래 아이들에게 관심을 보이나요?	1. 예　　2. 아니요
9 아이가 뭔가를 보라는 의미에서 그 물건을 가지고 오거나 들어 올리나요?	1. 예　　2. 아니요
10 아이의 이름을 부르면 반응하나요?	1. 예　　2. 아니요
11 아이를 보고 웃으면 아이도 따라서 웃나요?	1. 예　　2. 아니요
12 아이가 일상생활에서 발생하는 소음에 예민한가요?	1. 아니요　　2. 예
13 아이가 아무것도 잡지 않고 잘 걷나요?	1. 예　　2. 아니요
14 아이에게 말을 하거나 같이 놀거나 옷을 입혀줄 때 아이가 엄마의 눈을 바라보나요?	1. 예　　2. 아니요
15 아이가 엄마 하는 행동을 따라 하려고 하나요?	1. 예　　2. 아니요
16 엄마가 고개를 돌려 뭔가를 보면 아이도 엄마가 무엇을 보는지 찾느라 둘러보나요?	1. 예　　2. 아니요
17 아이가 엄마에게 자기를 보도록 하나요?	1. 예　　2. 아니요
18 아이한테 뭔가를 하라고 말하면 아이가 지시를 이해하나요?	1. 예　　2. 아니요
19 뭔가 새로운 일이 일어나면 아이가 엄마 반응을 보려고 엄마 얼굴을 쳐다보나요?	1. 예　　2. 아니요
20 아이가 활동적인 놀이를 좋아하나요?	1. 예　　2. 아니요

출처: Robins, D. L., Fein, D., & Barton, M. (2009). Modified Checklist for Autism in Toddlers, Revised, with Follow-Up(M-CHAT-R/F). (Self-published, www.mchatscreen.com)

체크할 때 발생하는 오류

실제로 부모들이 아이에 대해 객관적인 시각을 갖기 어렵기 때문에 대답에 편견이 발생한다. 예를 들어 '아이가 눈맞춤을 잘하나요?'와 같은 질문에 '예'라고 대답을 할 수 있으려면 아이가 안정적이고 일관되게 이러한 행동을 꾸준히 보여야 한다. 하지만 가끔 이 행동을 보이는 아이조차 부모는 "여보, 우리 아이도 잘 보잖아. 오늘 아침에도 서너 번 우리랑 눈맞춤 했잖아, 안 그래?" 하며 '예'를 체크하는 경우가 생긴다.

[아이가 어디를 바라보고 있나요? (공동주의)]

엄마 손가락을 바라보는 아이

↓ 체크리스트 작성

아이가 장난감을 본다고 생각한 엄마는 질문에 '예'라고 체크한다

체크 항목에 담긴 의도

　아이를 냉정한 시각에서 객관적으로 판단하는 부모라 할지라도 이 체크리스트 문항에 알맞게 답하는 것은 여전히 어렵다. 각 항목에 있는 질문의 의도를 잘 알지 못하기 때문이다. 예를 들어 1번 문항에서 '방에서 멀리 떨어진 곳에 있는 것을 가리키면 아이가 그것을 쳐다보나요?'라는 질문을 보자. 이 질문은 부모가 손가락으로 조금 떨어진 곳을 포인팅했을 때 아이가 그 방향을 향해 고개를 돌리고 바라보는가를 체크하는 문항이다. (이때 반드시 '저기 봐'라는 말을 하지 않아도 된다. 아이에게 뭔가 기대하는 표정을 보이면서 포인팅을 하는 손가락 방향으로 시선을 옮기기만 해도 된다.)

　이 문항이 묻고 있는 것은 아이의 주의(attention) 능력이다. 사실 이 동작은 아주 간단해 보이기 때문에 어떤 아이든 당연히 쉽게 할 수 있을 것 같지만, 포인팅하는 어른의 의도(저기를 봐!)를 알아차려야 할 뿐만 아니라, 손가락이 향하는 곳으로 시선을 추적하는 능력도 있어야 하므로 자폐 아동에게는 꽤 어려운 동작일 수 있다. 아이가 이 동작에 실패한다면 그것은 포인팅의 의도를 전혀 이해하지 못하거나 혹은 포인팅 따위에 아예 관심조차 없기 때문이다. 심지어 어떤 아이는 손가락이 향하는 방향이 아니라 손가락 자체를 쳐다보고 있을 수도 있다.

　다른 예로, 1번 질문과 같은 맥락이지만 좀 더 어려운 것이 16번 문항이다. 이번에는 손가락 포인팅이 없어도 엄마가 바라보고 있는 쪽을 향해 아이가 고개를 돌려야 하기 때문이다. 엄마의 시선을 따라 고개를 돌린다는 것은 엄마의 관심사를 이해하고 이를 추적한다는 뜻이다. 한마디로 타인의 관점을 이해하는 능력이다.

　이처럼 상대방의 의도에 따라 같은 사물을 바라보는 것을 두고 어려운 용어로 공동주의(joint attention)라고 하는데, 이러한 제스처들은 자폐 아동에게서는 좀처럼 관찰되지 않는 현상이다.

　이 체크리스트에서는 각 항목의 질문에 대해 체크한 '예', '아니요'의 개수만 중요한 것이 아니다. 겉으로 보이는 아이의 행동보다는 각 질문이 궁극적으로 내포하고 있는 의도에 비추어 아이가 그러한 행동 특성을 보이는가를 이해하는 일이 더 중요하다.

> **더 알아봅시다**

질문 항목의 의미

※ '16~30개월 아동기 자폐 체크리스트 개정판(M-CHAT)', 51쪽 참고

질문 1번, 16번

아이의 주의(attention) 능력을 묻는 항목이다. 상대방의 의도를 읽고 그 방향으로 시선을 추적할 수 있는지 확인한다.

질문 2번, 8번, 10번

사회적 상호성이 부족한 자폐 아동은 다른 사람이 불러도 반응이 없고 이름을 불러도 돌아보지 않아 흔히 청각장애를 의심하게 된다. 그러나 정작 자신이 좋아하는 TV 소리나 음악에는 금방 반응하는 것을 볼 수 있다. 또래 아이들에게 관심이 없는 것도 사회적 상호작용의 결함으로 볼 수 있다.

질문 3번, 15번

앞에 있는 상대방의 동작을 흉내 내는 모방 능력을 확인한다. 자폐 아동의 모방 능력 결함 역시 상대방에 대한 주목(attention)이 어렵고 모방의 원리와 필요성을 이해하지 못하는 데 기인한다.

질문 4번, 5번, 12번

아이가 감각적으로 민감 또는 둔감한가의 여부를 판단하는 항목이다. 책장이나 문틀을 기어 올라가는 빈도가 높고 그 의도성도 자극 추구의 형태로 보일 때가 많다. 시각 자극을 추구하기 위해 곁눈질을 하거나 치켜뜨기도 하고, 눈앞에서 손을 펄럭거리거나 손가락을 와글거리기도 하며, 물건을 눈앞에서 흔들기도 하는 등 행동을 보인다. 소음에 대한 반응도 차이가 있는데 큰 소리에 지나치게 둔감하기도 하고, 특정한 소음에 예민하게 반응하기도 한다.

사회적 상호작용이 부족한 아동은
손가락 포인팅을 잘 이해하지 못한다

질문 6번, 7번, 9번, 17번, 19번

손가락 포인팅은 타인에게 자신의 관점을 알리는 사회적 제스처다. 사회적 상호작용이 적은 자폐 아동은 손가락 포인팅이 잘 나타나지 않는다. 또 자신이 가진 물건을 타인에게 보여주거나 건네주는 것 역시 상호성에 의한 관심의 공유 형태다. 엄마가 자기를 보게 하려고 엄마의 고개를 잡고 돌리거나 당기는 것, 뭔가 일이 발생했을 때 엄마의 얼굴을 쳐다보며 눈치를 살피는 행동도 마찬가지다.

질문 11번, 14번

타인과 감정을 공유하고 교환할 수 있는가를 확인한다. 서로 미소를 짓고 눈맞춤을 하는 등의 행동은 인간의 기본적인 정서 교환 방법이다.

질문 13번, 20번

아이의 독립보행과 상호놀이 능력을 확인하는 항목이다. 어른 무릎에 앉히고 흔들거나 그네를 밀어줄 때 아이가 좋아하는지, 상호놀이보다는 혼자 놀기를 더 좋아하는지 확인해본다.

질문 18번

아이의 수용언어(타인이 하는 말을 듣고 이해하는 능력)를 확인하는 항목이다. 수용언어가 부족한 자폐 아동의 경우 아무 제스처 없이 말로만 지시를 내리면 이를 수행하지 못할 때가 많다.

PART I 진단 방법과 기준

사회적 의사소통 기술 이해하기

부모나 가족들은 아이가 돌 무렵이 되면 곧 말을 시작할 것으로 기대한다. 말만 하면 발달에 대한 많은 어려움이 해결되리라 생각하며 아이가 말을 시작하는 데만 초점을 맞춘다. 하지만 그보다 앞서 발달하는 유아기의 사회적인 의사소통 기술에 대해서는 잘 모른다. 대부분의 아이는 말을 배우기 전부터 의사소통 능력이 발달한다. 어른과 눈을 맞추고 표정이나 소리, 제스처를 써서 뭔가를 보여주고 손을 뻗거나 흔들고 손가락을 포인팅하는 사회적 상호작용 기술을 보인다.

유아기의 사회적 의사소통 기술은 대개 주 양육자와의 상호작용을 거치면서 발달한다. 아이는 자기의 관심사와 엄마 사이에서 둘을 번갈아 보며 엄마의 시선을 추적하기도 하고, 엄마의 주의를 끌기 위해 저 멀리 있는 물건을 향해 포인팅하기도 한다. 자기가 보고 있는 물건을 보라고 하거나, 자기가 원하는 물건을 달라고 그 물건을 가리키거나 눈으로 빤히 쳐다보기도 한다. 아이에게 비눗방울을 불어주면 아이는 신이 나서 손뼉을 치기도 하고 비눗방울을 만지려고 손을 뻗기도 하고, 비눗방울을 가리키기도 한다. 엄마를 보면서 미소를 짓고 즐거움을 표시한다. 그러면서 더 해달라고 요구하는 동작이나 '부부~', '더더~' 하는 식의 옹알이나 말을 하기도 한다.

처음 제스처 형태로 나타나는 의사소통 능력은 언어, 놀이, 인지 발달에 중요한 역할을 합니다

실제로 아이가 말을 배우게 되면 이러한 요구는 대화를 통해 이루어진다. 자기가 좋아하는 물건이나 주제, 내용을 새로 끄집어내면서 대화를 시도한다. 이러한 것들이 모두 사회적 의사소통 기술이다. 이 기술을 사용하여 아이는 또래를 사귀고 또래와 상호작용을 한다.

[일반 아동의 의사소통 제스처 발달 과정]

다음은 9개월부터 16개월까지 일반 아이들에게 나타나는 16가지 제스처다. 이를 통해 아이의 의사소통 능력을 평가해보자. 양육자와의 사회적 상호작용을 통해 발달하기 시작하는 의사소통 능력은 초기에 제스처 형태로 나타나며, 향후 언어, 놀이, 인지 발달에 중요한 역할을 한다. 만일 여기에 심각한 문제가 있다면 언어뿐만 아니라 발달상에도 지연을 보일 가능성이 있다.

[생후 9~16개월 일반 아동의 의사소통 제스처]

출처: www.firstwordsproject.com

9개월

건네주기
- 물건을 손으로 집거나 놓을 줄 알게 되면 이제 물건을 받았다가 건네주는 것을 배운다.

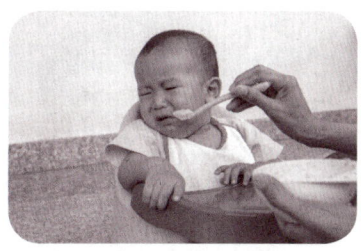

고개 젓기
- 싫은 음식을 주면 고개를 돌렸다가 다시 양육자의 눈치를 살피는 과정에서 점차 고개를 좌우로 저을 줄 알게 된다.

10개월

손 뻗기
- 원하는 물건을 잡기 위해 팔이나 손을 뻗는다.

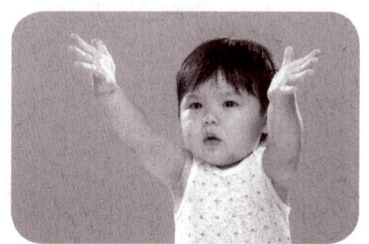

두 팔 들기
- 다른 사람의 반응을 기대하게 되면서 안아달라는 의미로 두 팔을 위로 들어 뻗는다.

[일반 아동의 의사소통 제스처 발달 과정]

11개월

물건 집어 들어서 보여주기
- 타인과 자신의 관심사를 공유하기 위해 물건을 집어 들고 보라고 한다.

빠이빠이 하기
- 매일 만나는 친숙한 사람과의 인사를 위해 처음에는 손가락을 와글거리다가 점차 빠이빠이로 발전한다.

12개월

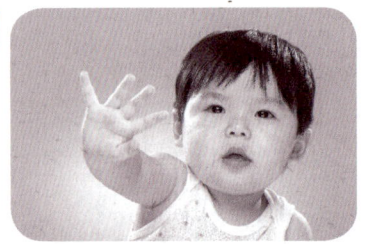

손가락 펴기 / 가리키기
- 다섯 손가락을 편 채 무언가를 가리키기도 한다.

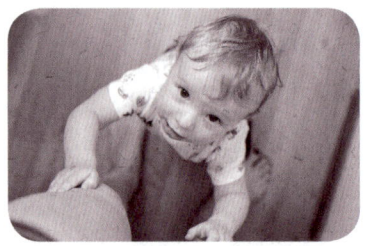

두드리기
- 자신을 보라는 뜻으로 다른 사람을 손으로 두드리기도 하면서 제스처가 보다 의도적으로 변한다. 여기에 발성이 점차 섞이기 시작한다.

13개월

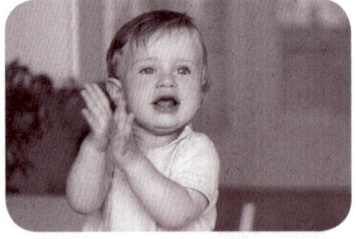

손뼉치기

뽀뽀 날리기

- 관찰을 통한 모방이 가능한 월령이 되면서 손뼉을 치거나 뽀뽀 날리기를 흉내 낼 수 있게 된다.
- 제스처와 발성이 점차 단어로 형성되면서 학습에 재미를 불어넣는다.

[일반 아동의 의사소통 제스처 발달 과정]

14개월

검지로 가리키기

검지 입에 대기(쉿!)

- 멀리 떨어진 물건을 가리키기 위해 검지를 사용하기도 하고, 상징(기호)을 사용한 의사소통이 가능해지면서 '쉿!' 제스처를 따라 하기도 한다.
- 제스처가 말하기 능력을 계속 촉진한다.

15개월

고개 끄덕이기

엄지 올리기

기다려 표시하기

- 고개를 끄덕이거나 엄지로 최고 표시를 하는 제스처로 "네"라는 의미를 표시한다.
- '기다려' 의미로 손바닥을 세워 보여주기도 한다.
- 제스처는 자신의 표현일 뿐만 아니라 타인과 생각을 공유하는 수단이 된다.

16개월

어깨 으쓱(몰라요)

하이파이브

손가락 브이(V)

- 상징적인 다른 제스처들이 꾸준히 발달한다. 주로 "몰라요", "하이파이브", 손가락 브이(V) 표시 같은 것이다.
- 이제 제스처는 구어 학습을 가속화한다.

PART I 진단 방법과 기준

자폐에 대해 알아보기

아주 쉽게 말하자면 자폐란 '사람에는 관심이 없고 사람이 아닌 것에 관심이 많은 장애'다. 엄마아빠가 부르는 소리에도 반응이 없다. 또래와 섞여 함께 놀지도 않는다. 부모의 시선을 따라가지도 않는다. 낯선 공간에 가더라도 다른 사람의 눈치를 전혀 보지 않고 오로지 관심 가는 대상을 향해 돌진한다. 그래서 공포나 위험을 인지하지 못하는 듯 보이기도 한다. 물론 간혹 필요한 게 있으면 어른의 손을 잡아끌기는 한다. 하지만 필요한 것을 얻고 나면 다시 그 사람은 필요 없어진다.

비눗방울 놀이를 예로 들어보자. 일반 아동처럼 자폐 아동도 비눗방울 놀이에 즐거워하고 까르르 웃을 수는 있지만, 엄마를 쳐다보거나 자신의 즐거움을 공유하는 느낌은 들지 않는다. 비눗방울을 더 불어달라고 요구하는 일이 드물 수도 있고, 혹은 욕구는 있어 보이는데 표현할 줄 모르는 것 같아 보이기도 한다. 이내 비눗방울에서 관심사가 이동하여 테이블 위나 바닥에서 물건을 빙빙 돌릴 수도 있다. 이처럼 자폐 아동이 보이는 반응은 일반 아동과는 다르다.

자폐 아동은 감각적인 자극을 추구하고 사물에 집착하는 일이 더 좋다. 아니, 그보다는 그것이 세상을 살아가는 방식이다. 자폐 아동이 눈맞춤을 피하고 물건을 빙빙 돌리고 손을 펄럭이고 몸을 흔들고 제자리를 돌고 점프를 하는 이유가 바로 여기에 있다. 자폐 아동은 마

자폐 아동이 세상을 살아가는 방식은 무엇일까?

일반 아동과 자폐 아동의 차이

치 '자신만의 세계'에 오래 머물러 있는 것처럼 보인다. TV를 보거나 블록 쌓기, 컴퓨터 게임을 할 때도 똑같은 활동만 반복하기도 한다. 그러다 보니 스마트폰 같은 기계에 대해서는 딱히 가르쳐준 적도 없는데도 다루는 방법을 기막힐 정도로 잘 알면서도, 타인으로부터 무언가를 배우거나 상호작용하려는 기술은 극히 부족하다.

자폐를 진단하는 데 가장 핵심적인 행동 특성은 바로 이와 같이 타인에 대해 관심이나 반응을 보이는 '사회적 의사소통'이나 '사회적 상호작용'이 관찰되지 않는다는 점이다.

자폐 아동은 언어와 학습에도 어려움을 겪기 때문에 말이 늦고 학업도 어려운 경우가 많다. 설령 말을 잘하고 공부를 잘한다고 해도 여전히 사회적 상호작용의 결함은 가지고 있다 (과거에는 이런 자폐를 '아스퍼거' 또는 '고기능 자폐'라고 불렀다). 말을 잘한다고 하더라도 서로 주고받는 대화 형식이 아니라 자기가 좋아하는 내용의 말을 일방적으로 쏟아놓는 경우가 많다. 다음은 앞에서 소개한 '자폐성장애 진단 기준(DSM-5)'의 A, B, C, D 항목(46쪽 참고) 중 A, B의 자폐성장애 진단 기준이다.

비눗방울을 불어주면 일반 아동은 신이 나서 더 해달라고 하지만,
자폐 아동은 즐거워하더라도 이를 공유하거나 더 해달라고 하는 일이 드물다

[자폐성장애 진단 기준] 출처: Carpenter, Laura(2013), DSM-5 Autism Spectrum Disorder

 ① 사회·정서적 주고받기 결함

- 주고받기 형태의 정상적인 대화가 불가능하다.
- 호명 반응이 없다.

- 말을 시켜도 대꾸를 않거나 대꾸하더라도 일방적으로 말한다.

- 대화를 먼저 시작하지 않고 주로 혼잣말을 한다.

- 타인 또는 타인의 손을 도구처럼 사용한다.

- 관심사를 공유하지 않는다.
- 사회적인 미소, 감정의 공유, 칭찬에 대한 반응이 부족하다.

- 사회적 모방(상대를 보고 자연스럽게 따라 하는 것)이 나타나지 않는다.

[자폐성장애 진단 기준]

 ② 비언어적 의사소통의 결함

- 눈맞춤, 제스처의 사용이 적고 타인의 사회적 제스처를 이해하지 못한다.

- 목소리의 크기, 억양, 리듬, 강세 등이 비정상적이다.

- 상대방의 자세가 나타내는 의미를 이해하지 못한다.(예. 대화하는 도중에 등을 돌림)

- 관심 대상을 손가락으로 포인팅하지 않는다.

- 표정, 말투에 담긴 감정, 제스처 등 비언어적인 의사소통의 요소를 이해하지 못한다.

- 필요한 것이 있으면 어른의 손을 잡아끌고 원하는 곳으로 간다.

[자폐성장애 진단 기준]

 ③ 보호자 외 사람과의 관계 맺기와 유지의 결함

- 상대방의 관심/무관심 여부를 알아차리지 못한다.

- 친구를 사귀려는 의도가 보이지 않고, 또래에 대한 관심이 있더라도 지극히 수동적으로 친구를 대한다.
- 또래와 함께, 또는 협동하여 놀지 않는다.

- 상상놀이나 가상놀이가 나타나지 않는다.

- 상황에 맞지 않게 웃거나 깔깔댄다.

- 사회적으로 부적절한 질문을 하거나 맥락에 맞지 않는 내용을 말한다.

[자폐성장애 진단 기준]

- 혼자 놀이에 빠져 있다.

- 자신의 행동이 타인의 감정에 끼치는 영향을 이해하지 못한다.

- 타인에게 관심이 없거나 적고, 주목을 끌려고 행동하지 않는다.

B ① 반복적이고 상동적인 행동

- 손이나 신체 일부를 지속해서 반복하여 움직인다.(상동 행동)

- 지나치게 부산하거나 극도로 수동적이다.

- 신체의 긴장도가 과도하게 높고, 얼굴을 찡그리거나 이를 갈거나 귀를 손으로 막는 행동을 한다.

[자폐성장애 진단 기준]

- 특정한 단어, 구, 노래, 대화, 허밍 등을 외운 듯이 계속 반복해서 말한다.

- 상대방이 한 말을 즉각 또는 지연하여 똑같이 말한다.(반향어)

- 물건이나 장난감을 원래 용도가 아닌 방식으로 사용한다.(예. 떨어뜨리기, 줄 세우기 등)

- '너'를 '나'로 표현하는 등 관점에 따라 바뀌는 인칭을 이해하지 못한다.

- 자신을 가리킬 때 '나' 대신 자신의 이름을 사용한다.

- 반복적으로 문을 여닫거나 불을 켜고 끈다.

[자폐성장애 진단 기준]

B ② 동일 형태의 고집, 동형 반복에 집착

- 정해진 장소나 정해진 규칙, 정해진 순서가 바뀌는 것을 극도로 싫어한다.
- 유머, 비유적 표현, 반어법 등을 이해하지 못한다.
- 특정 주제에 대한 질문을 반복하고 타인에게도 자신의 방식대로 대답하기를 강요한다.

B ③ 제한적이고 고정된 관심사

- 끈, 비닐, 고무줄 등 특정 사물에 대해 강한 집착을 보인다.
- 숫자, 글자, 기호 등에 매료된다.
- 소리나 크기의 강도가 비정상적으로 큰 것에 흥미를 보인다.

[자폐성장애 진단 기준]

- 집중하는 사물, 주제, 활동의 폭이 좁고 한정적이다.
- 원래의 용도나 기능에 상관없이 사물의 부속품에 관심이 많다.
- 귀걸이를 한 사람을 무서워하는 식의 비정상적인 공포를 보인다.

B ④ 감각 자극에 민감 또는 둔감

- 통증에 매우 둔감하다.
- 자신의 눈을 손가락으로 찌른다.
- 장난감 자동차 바퀴를 굴리거나 문을 여닫는 등 특정한 움직임에 매료된다.
- 시각, 청각, 미각, 후각, 촉각 중 특정 감각이 지나치게 둔감하거나 민감하다.

[자폐성장애 진단 기준]

- 특정한 감각 신호를 지속적으로 추구한다.

- 머리를 빗거나 깎는 일, 이를 닦는 일 등 특정 과제에 극도의 혐오 반응을 보인다.

- 물건을 혀로 핥거나 빨거나 냄새를 맡는 등 비정상적 감각 탐색을 한다.

- 특정한 물건이나 질감을 싫어하는 등 촉각 방어가 있다.

- 사물을 특정한 각도에 놓고 바라보거나 눈을 흘겨본다.

- 종이, 나무, 모래 등 아무거나 먹거나 입에 넣는다.

PART I 사회적 의사소통을 강조하는 이유
진단 방법과 기준

지금까지 자폐란 사회적 상호작용의 결함이라는 점을 살펴보았다. 돌 무렵까지 유아기의 의사소통 기술은 말을 배우는 것보다 한참 앞서 발달한다. 이러한 사회적 의사소통 기술은 일상 활동 중 부모나 다른 양육자와 나누는 상호작용을 바탕으로 발달한다.

아이의 사회적 의사소통 기술이 발달해야만 부모와 마음이 통하고, 언어와 놀이의 개념을 배우며, 글을 읽고 쓰는 능력과 향후 학교에 다니는 데 필요한 기술을 배울 수 있다. 이와 같은 사회적 의사소통 기술과 상호작용 기술은 문제행동을 예방하는 훌륭한 도구이며, 아이가 맞닥뜨리는 어려운 상황을 극복하는 수단이 된다는 점에서 매우 중요하다.

결국 자폐 아동을 교육하는 데 최우선적인 목표는 바로 이 '사회성'을 회복하여 발전시키는 것이다. 자폐 중재에서 가장 시급한 목표는 사람을 인식하고 사람을 필요로 하고 사람이 재미있는 대상임을 깨닫게 만드는 일이다. 사람을 바라보고 사람과 함께 어울리고 사람과 상호작용하도록 가르치는 일이 중요하다.

말을 배우기 전부터 먼저 발달하는 유아기의 의사소통 기술은
일상 활동 중 부모와 나누는 상호작용을 바탕으로 발달한다

중재에서 가장 우선해야 할 과제

많은 부모가 손을 펄럭이고 물건을 빙빙 돌리고 몸을 흔들고 점프를 하는 아이에게 이 행동을 하지 못하게 만드는 것을 자폐 중재의 목표로 먼저 생각하는 것 같다. 또 말을 따라 하게 만들고, 사과를 가리킬 때 '사과'라고 발음할 수 있게 만드는 것을 가장 중요하게 여기기도 한다. 물론 손을 펄럭이거나 물건을 빙빙 돌리는 행동을 적절한 절차를 통해 완화하는 것, 사과를 보면서 '사과'라고 말할 수 있게 하는 것도 중요한 과제다. 하지만 이러한 것을 배우는 것은 궁극적으로 이 모든 것이 인간의 사회적 활동에 필요한 기술이기 때문이다.

먼 미래의 일이긴 하지만, 아이가 성인이 되어 사회생활을 할 때 무엇이 가장 필요하게 될지 고민해보았으면 좋겠다. 직업 재활에 관한 최근 연구를 보면, 직장 동료들이 생각하는 취업 유지의 성공 요소 역시 직업 기술이나 능력이 아닌 사회성 기술이 우선이었다.

ABA의 목표는 결국 이러한 '사회적 행동'을 가르치는 것이다. ABA는 아이들이 주변 세계에 집중하고 혼자 힘으로 학교나 지역사회에서 스스로 배울 수 있게 한다. 그래서 ABA 방법론을 일컬어 'ABA란 아이가 스스로 배울 수 있게 돕는다'고 하지 않는가. 이 책의 독자라면 육아에서 무엇이 최우선 과제인지 잊지 말고 항상 기억하기를 바란다.

조기 중재에서 가장 시급한 과제는 사람을 바라보고
사람과 어울리고 상호작용하도록 가르치는 일이다

조기 중재하는 데 가장 효과적인 방법

PART I 진단 방법과 기준

최근 연구에 따르면 학습에 중요한 부분은 주로 3세까지 만들어진다. 신생아의 뇌와 신경계는 미성숙한 상태이며, 자신의 주변 사람과 사물을 탐구하는 과정에서 뇌가 발달한다. 이러한 신경계의 발달이 가장 빠르고 활발하게 일어나는 것이 만 3세까지다.

만 3세 정도가 되면 대부분의 뇌 구조가 성숙해지고 이후에는 변화의 속도가 느려진다. 따라서 자폐 아동에게 조기 치료와 교육은 불문율이라는 수많은 연구가 있다. 그러므로 만 3세 이전에 치료를 시작하는 것은 만 5세 이후 치료를 시작하는 것에 비해 훨씬 더 강력한 치료 효과를 나타낸다. 이와 같은 조기 중재를 집중적으로 받으면 70~90퍼센트 아동이 말을 배울 수 있고, 50퍼센트 아동은 일반 어린이집이나 유치원에서 성공적으로 생활할 수 있게 된다는 연구 결과도 있다.

이 시기의 아이에게 가장 필요한 사람이 사회적 파트너다. 그렇다면 아이 입장에서 가장 먼저 만나게 되는 사회적 파트너는 누구일까? 물어볼 필요도 없이 바로 부모다. 그래서 자녀를 교육하는 데 무엇보다 중요한 사회적 환경으로 부모를 꼽는 것이다. 자폐 아동의 교육을 위해 부모가 먼저 교육받아야 하는 이유이기도 하다. 부모는 스스로 최후의 학생이면서 아이에게 최초이자 최고의 선생이다. 따라서 부모가 그냥 '부모'이기만 할 수는 없다. 아이가 어릴수록, 발달이 느릴수록 부모와 함께하는 시간은 길기 때문이다. 아이는 부모로부터 배운 사회성을 바탕으로 형제자매와 조부모, 어린이집이나 유치원에서 만나는 또래 집단, 학교, 선생님, 지역사회에 이르기까지 더 넓은 사회로 나아갈 수 있다. 부모의 교육은 양육의 전부다.

가족이 중심이 되어 접근하는 방식이 자폐를 조기 중재하는 데 가장 효과적이다. 아이를 가장 잘 아는 사람은 대부분 부모이고, 실제로 아이 역시 부모를 포함한 가족 안에서 가장 안정적이면서 풍부한 교육의 기회를 얻을 수 있다.

학습은 모든 일상 활동에서 일어난다. 아이들은 가족 안에서 벌어지는 반복적이고 일상

부모가 가장 중시해야 할 부분

적인 활동을 통해 타인과의 상호작용을 배운다. 그러므로 전문가와 같은 외부인에게 의지하는 것도 한 방법이지만, 부모 스스로가 양육자이면서 교육자가 되고 다른 가족 구성원에게 의지하는 것이 바람직하다.

부모의 역할이 중요한 또 하나의 이유는 아이의 속도를 가장 잘 아는 사람이라는 점이다. 모든 아이가 똑같은 속도로 배우는 것이 아니고, 성공의 속도 역시 똑같을 수 없다. 장기적인 결과를 보면 아이마다 편차가 크다. 다시 말하면, 아이에게 적당한 속도로 가르칠 수 있는 것도 결국 부모라는 것이다. **아무리 확실한 방법이라고 해도 아이의 반응에 따라 절차를 개별화하고 수정해야 한다. 이것이 ABA의 본질이다.**

현 상황에서 최우선으로 아이를 도와줄 위치에 있는 부모에게 가장 필요한 것은 무엇일까? 바로 손쉽게 할 수 있는 조기 교육 방법이다. 그리고 그 방법의 중심에 놓여 있는 궁극적 목표는 사회성이다. 부모가 아이를 교육할 때 가장 중시해야 할 부분이다. 이름을 부르면 돌아보는 법, 타인의 행동을 모방하는 법, 조용히 앉아 있거나 자기 차례를 기다리는 법, 어른의 지시를 따르는 법 등을 가르쳐야 하는 것은 이러한 능력들이 사회 속에서 타인과 어울릴 때 필수적으로 사용되기 때문이다.

아이들은 가족 안에서 벌어지는 반복적이고 일상적인
활동을 통해 사회적 상호작용을 배운다

1 **실천하기 전 준비 단계**
— 양육 환경과 태도 점검하기

2 **가장 먼저 실천해야 할 것**
— 학습의 시작, 그리고 즐겁게 배우기

3 **아이와 의사소통하는 법**
— 언어, 활동, 역할 확장하기

PART II

ABA 기본기 실천하기

실천 포인트 32가지

조기 중재에서 가장 시급한 과제는
사람을 바라보고 사람과 어울리고
상호작용하도록 가르치는 일이다

CHAPTER 1

실천하기 전 준비 단계

양육 환경과 태도 점검하기

길가에 집을 짓지 말라는 말이 있다. 지나가는 사람들이 저마다 한마디씩 하는 바람에 집을 제대로 짓지 못하게 된다는 말이다. 느린 아이를 키우는 일은 마치 길가에 집을 짓는 것과 같다. 주변의 많은 사람이 좋은 뜻에서 이런저런 조언을 해주지만, 막상 한군데 모아놓고 보면 어느 말을 따라야 할지 모를 때도 많고 방향이 서로 충돌할 때도 있다.

통제가 어려운 아동의 행동을 다룰 때 등장하는 대표적인 것 중 하나가 '훈육'이라는 이름의 양육법이다. 훈육이란 말 그대로 가르치고(訓) 기른다(育)는 뜻이지만 대개는 잘못된 행동을 고치는 것, 타이르기, 벌을 세우거나 매를 드는 것과 같은, 부정적인 행동에 대한 교육 방법으로 인식되고 있다. 훈육은 부모의 엄격함을 요구한다. 떼쓰기와 고집을 다루기 위해 아이를 변화시킬 방법으로 제시한다.

반대로 부모가 마음 혹은 생각 바꾸기를 바라는 심리학적인 해법도 있다. 이런 양육법에서 흔히 등장하는 단어는 무의식, 죄책감, 불안, 마음 읽기, 기다림 같은 것이다. 이 방법들은 부모가 생각을 바꾸는 것이 해결의 시작이라고 얘기한다.

이러한 방법들이 완전히 틀렸다는 것은 아니다. 하지만 이 방식으로 자폐 아동을 가르치는 것은 효과가 없다. 아이에게 직접적으로 뭔가를 가르쳐서 바꾸려는 전통적인 교육 방법도 맞지 않는다. 아마 이 책을 읽는 분이라면 이미 경험적으로 이 사실을 알고 있을 것이다.

사실 모든 아이들은 뭔가를 하면서 배운다. 아이에게 직접 뭔가를 가르친다고 배우지 않는다. 아이들은 몸을 움직이거나 손을 사용하거나 놀이에 참여하면서 배운다. 주변을 탐색하고 주변의 활동에 참여하면서 타인과 상호작용하는 법을 배운다. 반복적이고 일상적인 가정에서의 활동은 아이 학습에 가장 풍부한 기회의 장이다. 대부분의 가족은 밥을 먹고 집안일을 하고 심부름을 시키고 외출하고 책을 읽고 즐거운 놀이를 한다. 아이가 집 안에서 어떻게 시간을 보내는지, 어떤 활동을 하는지 가만히 들여다보자. 평범한 일상생활과 집 안 환경을 활용하면 모든 순간을 학습의 기회로 삼을 수 있다. 이러한 매 순간이 쌓이고 쌓이면 아이의 발달과 학습에 필요한 충분한 시간이 된다. 아이의 교육을 위해 필요한 것은 배움의 환경과 기회를 만드는 일이다.

자폐 아동에게도 이 원리는 동일하다. 자폐 아동을 교육하는 효과적인 방법 역시 아이를 직접적으로 가르치는 것이 아니라 주변의 환경을 바꾸는 것이다. 주변 환경이 자신에게 유리해지면 아이는 여기에 적응하여 저절로 변화한다. 그러므로 바꿔야 할 초점 대상은 아이가 아니라 주변의 환경이다. 그중 가장 중요한 환경은 부모다. 그래서 부모라는 존재가 어떻게 변화하느냐가 매우 중요하다.

이 책은 아이의 이상한 행동을 고치거나 없애는 것이 아니다. 부모의 '생각'과 '마음'을 바꾸는 심리 책도 아니다. 이 책이 요구하는 것은 구체적인 '행동의 변화'다. 실제로 취할 행동을 바꿔야 한다. 그래야만 아이에게 뭔가를 가르칠 기회가 만들어진다.

  이 책에 담겨 있는 것은 구체적으로 실천해야 할 행동 전략이다. 그래서 양육에 가장 필요한 준비물은 다름 아닌 부모의 '가벼운 엉덩이'다. 책 내용을 읽고 고개만 끄덕일 것이 아니라 반드시 곧바로 실천에 옮기기를 바란다. 예상하지만, 사실 그게 가장 어려운 일이다. 어쩌면 ABA와 비슷한 건 다이어트일지도 모르겠다. 적게 먹고 많이 움직이면 살이 빠진다는 다이어트의 원리는 정말 간단하고 쉬운데, 막상 실천하는 건 지극히 어렵다. 아마 그래서 세상에는 수많은 다이어트 방법이 난무하고 있는지도 모른다. 그리고 같은 맥락에서 서로 다른 수많은 양육법이 제시되는 이유일 것이다. 그만큼 실천은 쉽지 않다.

일단 간단하고 쉬운 것부터 시작해보자. 한 번에 하나씩 실천해보자. 익숙해질 때까지 반복하자. 그렇게 부모가 변화하면 조금씩 아이도 변화할 것이다. 그럼 비로소 이 말에 동감하게 될 것이다. '생각을 바꾸면 행동이 바뀌는 것'이 아니라, '행동을 바꾸면 생각이 바뀐다'라는 것을.

효과적인 교육 방법은 직접적으로 가르치는 것이 아니라 주변의 환경을 바꾸는 것입니다

01. '해주기' 줄이기

"산후우울증 때문에 제가 아이를 방치했던 탓인가 봐요." "매일 TV만 틀어주고 돌보지를 않았어요." "맞벌이하느라 진단도 치료도 다 늦어진 게 후회되고 미안해요."

자폐의 근본적인 원인이 후천적 양육에 있지 않은데도 부모들과 상담하다 보면 정말 많은 부모(특히 엄마)가 이렇게 믿고 있다. 모든 것이 자기 탓인 것만 같은 부모는 죄책감에 사로잡혀 이제 아이에게 무엇이든 다 해주려고 노력한다. 안쓰러운 마음에 배가 고프기 전에 먹이고, 춥지 않게 옷을 입히고 신발을 신겨준다. 치료 시간에 늦지 않기 위해 아이를 안거나 업고 다닐 때도 있다. 하나부터 열까지 미리미리 다 해주는 것이다.

과잉보호는 일반 아동의 양육에서도 흔히 잘못된 것으로 자주 지적받는다. 과잉보호를 금하는 것은 아이에게 책임감과 독립심을 길러주기 위해서다. 떼를 써도 안 된다는 걸 부모가 일관되게 알려주면 아이는 스스로 인내하고 책임지는 것을 배우면서 올바른 행동과 자제력을 기른다. 반면에 자폐 아동은 이유가 좀 다르다. 자폐 아동은 올바른 행동을 '안' 하려는 것이 아니라 '못' 하는 쪽에 가깝다. 그러다 보니 부모의 과잉보호도 일견 이유가 있어 보인다. 열심히 가르쳤는데 안 되더라, 아무리 해도 말귀를 못 알아듣더라, 자기 의사 표현이 안 되니 그럴 수밖에 없다 등이다. 하지만 이 상황이 계속될수록 아이가 주변에 관심을 둘 필요는 더욱 사라진다. 알아서 먹이고 입혀주는데 굳이 애써 표현할 이유가 있을까?

그래서 가장 먼저 필요한 것은 '과잉보호'를 지양하고 좀 부족하게 키우는 태도다. 좀 부족해야 뭔가 아쉬워지고 욕구가 생기고 동기 부여가 된다. 아이가 뭔가를 간절히 원할 때 비로소 의사소통의 기회가 생긴다. 그러니 지금까지 아이에게 아무 대가 없이 아낌없이 주었던 많은 것을 제한하자. 아이의 손발이 되어, 아이가 요구하기도 전에 알아서 모든 것을 해주던 습관을 버리자. 안쓰러운 마음에, 혹은 급한 마음에 하나부터 열까지 다 해주는 것은 오히려 아이가 학습할 기회를 빼앗는 일이다. 단, 인간의 기본 인권과 관련된 것들은 제한하면 안 된다. 의식주와 관련된 밥, 물, 잠, 옷과 같은 것들이 여기에 해당한다. 제한할 대상은

학습할 기회를 만드는 첫 단계

아이가 좋아하지만 굳이 없더라도 살아가는 데는 지장이 없는 것들이어야 한다. 예를 들면 좋아하는 과자, 음료수, 장난감, TV 프로그램, 스마트폰 같은 것이다.

그렇다면 이것들은 앞으로 절대 줘서는 안 되는 것일까? 그렇지 않다. 앞으로 얼마든지 아이에게 제공해줄 것이다. 다만 공짜로 주지 않을 뿐이다. 이렇게 결핍된 상황을 잘 활용하다 보면 아이의 관심을 끌어서 뭔가를 가르칠 순간을 만들어낼 수 있다. 결핍해야 아이가 부모를 찾고, 그래야 비로소 뭔가를 가르칠 기회가 생긴다. 결핍이 에너지를 만든다.

02. 집 안 환경 단순하게 만들기

혹시 교구며 교재, 장난감과 관련해서 이런 경험을 하고 있는가? 아이에게 좋다는 건 모두 사서 집 안 가득 두었지만 그냥 장식품이 되었다, 아이가 원래의 용도대로 사용하지 않는다, 갖고 놀지도 않는 장난감들이 온통 바닥에 널브러져 있다, 아이의 관심이 여기저기로 금세 옮겨 다닌다, 다른 사람이 끼어들면 갖고 놀던 장난감을 버리고 다른 곳으로 도망가서 논다, 정리도 안 하면서 남이 치우지도 못하게 한다, 아이가 장난감이 아닌 이상한 물건에 꽂혀 있을 때가 많다 …….

이러한 행동 특성은 자폐 아동이 보이는 제한적이고 고정된 관심사, 그리고 감각 자극에 대한 독특한 반응 때문이다. 당연히 전통적인 방식으로 아이를 이해하기는 어렵다. 이럴 때 부모가 해야 할 일은 아이에게 교구나 장난감을 어떻게든 갖고 놀도록 가르치는 일이 아니다. 오히려 집 안의 물건들을 다 치우고 단순하게 정리하는 일이다. 집 안을 정리하는 것은 상황을 결핍시켜 아이를 부족하게 키우는 첫걸음이 된다.

우선 아이의 주변 환경에서 무엇을 제한할지 확인한다. **일단 아이가 노는 모습을 주의 깊게 관찰하자. 어떤 제지도 하지 말자. 그러면서 아이가 주로 갖고 노는 장난감이나 교구가 무엇인지 기록한다.** 아이가 온갖 물건을 다 가지고 놀더라도 그중 특별히 오래 갖고 놀거나 유독 애착을 보이는 것을 순서대로 기록해두자. 원래와 다른 용도로 갖고 노는 물건도 상관없다. 만약 갖고 노는 것이 별로 없다면 더욱 신중하게 찾아봐야 한다. 아주 특이한 물건에 관심을 보이는 경우도 매우 많다. 예를 들면 자동차 열쇠, 연필, 두꺼운 종이, 리모컨, 빈 물병, 과자 봉지, 칫솔, 운동화 끈, 수세미, 빨대 같은 것들이다. 단, 몸에 해로운 것은 리스트에서 제외한다. 이렇게 리스트가 만들어지면 여기에 아이가 평소 좋아하는 과자나 음료수, 과일 등 음식도 추가한다. 이제 리스트에 없는 물건들을 전부 치운다. 어차피 당장은 아이에게 아무런 소용도 없는 것들이니 미련을 두지 말자. 눈에 보이지 않게 박스에 넣어 창고나 장롱 위처럼 아이의 손이 닿지 않는 곳에 보관한다. 공부 욕심에 벽에 붙여둔 한글이나 숫자 그

결핍된 환경을 만드는 이유

림판도 사용하지 않는다면 제거한다. 치우면서 너무 속상해하지 말자. 언젠가는 이 모든 것이 다시 쓸모 있게 될 날이 올 것이다. 그런데 이렇게 집 안 환경을 단순하게 만드는 목적은 무엇일까? 그것은 자폐 아동이 시각적 자극에 특히 민감하기 때문이다. 아이에게 뭔가를 가르치려면 아이가 좋아하는 것을 활용하여 가르치는 사람과 내용에 집중하게 해야 한다. 그런데 주변 환경이 복잡할수록 집중이 흐트러지고 집중할 시간도 짧아진다. 따라서 아이의 시선이 닿는 집 안 구석구석을 최대한 단순하게 만드는 것이 좋다.

03. '좋아하는 아이템' 간수하기

 이제 아이가 좋아하는 물건만 남았다. 아이가 좋아한다고 해서 아낌없이 줘서도 안 되지만 아이가 마음대로 접근할 수 있어서도 안 된다. 일단 앞에서와 마찬가지로 모두 치우고 양육자가 잘 간수해야 한다. 차이점이 있다면, 치워두는 장소가 아이 눈에 띄거나 아이가 알고 있는 장소라는 점이다.

 먼저 장난감, 인형, 실온 음식(과자, 사탕 등)을 보관할 만한 집 안 장소를 정한다. 거실이든 아이 방이든 상관없다. 집이 좁으면 한구석에 일정한 공간을 지정해도 된다. 이곳에 적당한 높이의 수납장을 두자. 그런 다음, 앞선 물건들을 손이 닿지 않는(그러나 여전히 아이 눈에는 띄는) 높이에 올려둔다. 만일 아이가 가구를 타고 올라가거나 의자를 딛고 꺼낼 수 있다면 수납장 대신 벽에 선반을 하나 매다는 것도 방법이다. 가능하면 그 아래 바닥에 작은 매트를 하나 깔아두면 좋다. 이때 매트는 무늬 없이 단순한 것이 좋다. 매트에 인쇄된 글자, 숫자, 그림, 캐릭터 등에 아이가 푹 빠질 수도 있기 때문이다. 이제 아이에게 매트는 놀이 장소로 인식될 것이다.

 아이가 TV를 좋아하면 플러그를 빼놓거나 리모컨을 치워서 혼자 힘으로 켤 수 없게 한다. 아이가 스마트폰을 좋아하면 눈에 띄지 않게 잘 숨기거나 항상 부모가 몸에 지니고 다닌다. 아이가 냉장고를 열고 마음대로 음식을 꺼내 먹는다면 냉장고에 잠금장치를 설치한다. 트램펄린을 좋아하면 가구 위에 올리거나 벽에 걸어둔다. 그네를 좋아하면 그넷줄을 봉 위로 올려둔다. 이 모든 과정이 바로 부모가 통제권을 손에 쥐는 과정이다.

 '통제'라는 단어를 부정적으로 생각할 필요는 없다. 통제하려는 대상은 아이의 신체나 정서가 아니라 아이의 행동과 주변 상황, 그리고 환경이다. 아이의 관심이 이리저리 옮겨 다니는 것, 다른 사람이 끼어들면 도망가는 것, 정리도 안 하면서 남이 치우지도 못하게 하는 것은 상황에 대한 통제권이 100퍼센트 아이에게 있다는 뜻이다.

 통제가 되지 않으면 아이에게 뭔가를 가르칠 기회를 만들 수 없다. 그만큼 자폐 아동의 양

통제권을 부모가 갖는 방법

육아에 통제권은 굉장히 중요하다. 여기서 통제는 아이를 엄하게 대하거나 아이의 기를 꺾는 것이 아니다. 단순히 아이와 좋은 관계를 맺는 것(보통 치료실에서 '라포 형성'이라고 표현함)만을 의미하지도 않는다. 부모가 통제권을 갖는 것은 아이의 흥미, 동기, 욕망을 이용해서 아이 스스로 올바른 선택을 할 수 있도록 돕는 과정이다.

✕ 통제권이 아이에게 있는 경우

→ 뭐든 자기 맘대로군

통제가 되지 않으면 아이에게 뭔가를 가르칠 기회를 만들 수 없다

○ 통제권이 부모에게 있는 경우

→ 장난감 줄까?

흥미, 동기, 욕망을 이용해 아이 스스로 올바른 선택을 하게끔 돕는다

'통제'에 대한 생각

컨설팅 일을 하면서 부모로부터 정말 많은 질문을 받는다.

"어떻게 하면 제자리에 앉아서 밥을 먹게 할까요?" "왜 우리 애는 이름을 불러도 쳐다보지를 않나요?" "휴대전화를 안 준다고 정말 감당하기 힘들 정도로 떼를 써요."

이런 수많은 질문을 정리하면 결국 주제는 두 가지다. "아이가 _____을/를 할 수 있게 어떻게 가르쳐요?"와 "아이가 _____을/를 못 하게 하려면 어떻게 해요?"다. 많은 부모는(심지어 치료사도) 어떻게 이런 어려움을 극복할지에 대해 질문한다.

행동을 가르치거나 없애려면 학습의 근본적인 원리를 알고 실천해야 한다. 학습에 가장 필요한 것은 지시 통제력이다. 만일 아이와 제대로 된 학습이 이뤄지지 않는다면, 양육자가 아동의 행동을 효과적으로 제어할 만한 '통제력'을 갖추었는지 살펴봐야 한다. 만일 그렇지 못하면, 아이에게 뭔가를 가르치려고 해도 잘 안 된다. 오히려 아이가 선생이나 부모를 쥐고 흔들게 된다. 컨설팅에서 아무리 질문에 대한 해결책을 알려줘도 일시적일 뿐, 형태만 바꾼 또 다른 문제가 발생하면 부모들이 도로 속수무책이 되는 것도 그런 이유다.

'통제'라는 단어에 대해 뭔가 거부감이 드는 것은 사실이다. 아이를 자유롭게 두는 것이 아이를 존중하고 창의력을 키워줄 방법인 것처럼 생각되기도 한다. 하지만 아이들은 그렇지 않다. 무한으로 주어지는 자유는 오히려 부작용을 낳는다. 부모의 양육 스타일이 아이의 생활과 행동에 어떤 영향을 미치는가에 관한 연구*가 있다(자폐 아동을 대상으로 한 연구는 아님).

이 연구에 따르면 부모의 양육 스타일은 크게 네 종류다.
첫째, 복종과 규율을 강조하고 아이의 관점에 둔감한 '독재적 스타일'

---

* Maccoby, E. E., Martin, J. A. (1983). Socialization in the context of the family: Parent-child interaction. In P. H. Mussen(Ed.), Handbook of child psychology (Vol. 4, pp. 1-101). New York: Wiley.

둘째, 통제적이고 요구가 많으나 아이의 관점을 수용하고 민감하게 반응하는 '권위적 스타일'
셋째, 규칙이 적고 강요나 금지하는 것이 별로 없으며 아이를 최대한 수용하는 '허용적 스타일'
넷째, 어떠한 요구나 규칙도 없어 아이를 방치하거나 무관심한 '방임형 스타일'

이 중 어느 양육 스타일이 가장 바람직할까? 독재적 스타일과 방임적 스타일은 당연히 제외되겠지만, 남은 두 스타일 중 아이에게 더 긍정적인 영향을 미친 것은 오히려 '권위적 스타일'이었다. 얼핏 보면 '허용적 스타일'이 창의성을 높여줄 것 같지만, 실제로 아이들은 규칙을 잘 따르지 않고 자기중심적이며 자기 통제력도 부족하여 성취도가 낮고 사회적 관계에 문제가 생겼다.

권위적인 양육 스타일이 아이의 성취도나 창의성 발달에 도움이 되는 이유는 무엇일까? 아이의 창의력과 자율성은 아이가 모든 것을 스스로 선택하고 결정할 때 생기는 것이 아니라 부모가 제공한 통제된 정보와 규칙 속에서 아이가 스스로 선택하고 결정하면서 길러지기 때문이다. 통제가 어려워서 아예 집에서 TV를 치워버렸다는 부모를 자주 본다(심지어 스마트폰과 TV가 자폐를 유발한다는 말을 믿는 분도 있다. 스마트폰과 TV 노출이 자폐를 유발한다는 과학적 증거는 없다. 물론 만 3세까지는 스마트폰과 TV에 노출되는 것이 득보다 해가 크다는 아동학자와 뇌과학자의 합의된 의견은 있다). 그러나 스마트폰과 TV도 부모가 적절히 통제한다면 아동의 교육에 다양하게 활용할 수 있는 도구다. 강도가 무서워 세상의 칼을 다 없앨 수 없고, 교통사고가 무서워 이 세상의 자동차를 모두 없애자고 할 수도 없다.

중요한 것은 사용자가 환경을 어떻게 통제하느냐다. 간혹 "아직 아무것도 모르는 예쁜 아이에게 무슨 통제냐"며 반대하는 분이 있다. "어려서 그런 거지, 크면 저절로 괜찮아진다"고 믿는 분도 있다. 단언컨대 그런 일은 없다. 적어도 자폐 아동은 그렇다. 세 살 버릇은 열 살만 되어도 고치기 어렵다. (사실 이렇게 반대하는 분 중에 주양육자인 경우도 별로 없다. 제3자 눈에는 양육자의 고생은 안 보이고 예쁜 아이만 보이기 마련인 것 같다.)

PART II ABA 실천 포인트
04. 부모가 직접 건네주기

통제력을 얻기 위해 정말 쉽고도 가장 먼저 해야 할 일은 바로 아이가 원하는 것을 부모 손으로 직접 '건네주는 것'이다. 기억하자. 좋아하는 물건을 아이가 마음대로 획득해서는 안 된다. 아이가 원하는 것을 표현하면 곧바로 양육자가 이를 건네주는 것이다. 처음에는 아이가 원할 때마다 건네준다. 그래야 자꾸 뭘 달라고 접근할 테니까.

아이가 양육자에게 다가와 뭔가를 달라고 표현하는 것, 이것이 상호작용의 시작이다. 앞서 물건을 모두 치우고 환경을 단순하게 만든 것, 아이가 좋아하는 물건을 보이는 장소에 둔 것도 바로 이것을 위해서다.

건네줄 때는 항상 아이와 눈높이를 맞추자. 허리를 굽히거나 주저앉거나 엎드린다. 아이의 눈높이에 물건을 들어 아이와 눈맞춤을 유도한 후 건네주자. 그래서 아이가 원하는 물건이나 음식을 받아 갈 때마다 엄마와 눈 맞추는 연습을 한다. 그리고 건네주는 것에서 그치지 말고 아이가 좋아하는 것을 갖고 함께 놀아준다. 이때 아이가 혼자서 놀 때보다 더 즐겁다는 생각이 들도록 정말 재미있게 놀아주어야 한다.

놀이가 끝난 장난감은 원래 있던 자리에 둔다. 그러다가 아이가 원하면 다시 건네준다. 그래야 상호작용을 연습할 수 있다. 바닥을 어지럽히는 아이라면 장난감을 되도록 매트에서만 갖고 놀도록 유도한다. 매트를 벗어나면 장난감을 도로 매트 위로 갖다 놓는다. 이때 아이를 끌고 오지 않는다. 아이가 장난감 있는 곳으로 오도록 기다린다. 이것은 장난감을 얼마든지 갖고 놀 수 있지만 매트 위에서 갖고 놀아야 한다는 걸 체득시키는 과정이다. 초반에는 기다리는 시간이 많이 필요할 수도 있다.

아이가 좋아하는 밥을 먹다가 식탁을 벗어나면 쫓아가서 먹이지 않는다. 놀던 장난감을 버리고 다른 곳으로 가면 장난감을 원래 있던 자리에 올려둔다. 트램펄린이나 그네도 더 이상 놀지 않으면 치운다. 아이가 자리로 돌아와 원하는 표현을 하면 그때 다시 건네준다.

아이가 음악을 좋아하면 음악을 틀어주고 신나게 놀게 한다. 그러다가 부적절한 행동을

건네줄 때 유의 사항

하면 음악을 끈다. 적절하게 행동하면 다시 켠다. TV를 원하면 틀어서 함께 보자. TV가 나쁜 것이 아니라 아이를 TV 앞에 방치해두는 것이 나쁜 것이다. 엄마와 함께 한동안(1분도 좋고, 5분도 좋다) 보고 나면 다른 활동으로 유도하면서 TV를 끈다. 그러다가 아이가 또 원하면 틀어준다.

기억하자. 아이가 원할 때마다 부모의 통제 속에 원하는 것을 주는 것, 이것이 핵심이다.

잠깐! TIP

물건 건네줄 때 눈맞춤하기

물건을 건네줄 때 아이와 눈맞춤은 정말 중요하다. 왜냐하면 아이가 물건을 누군가로부터 받았다는 것을 인식해야 하기 때문이다. 그래야 나중에 다시 그 사람에게 접근할 수 있다.

그러므로 눈맞춤 없이 그냥 아이에게 물건을 건네기만 해서는 안 된다. 아이의 시선이 물건을 향해 있다면 물건을 점점 엄마의 눈 옆으로 가져와서 시선이 따라오도록 하거나, 아이를 바라보는 엄마의 시선 한가운데로 물건을 가져오는 등 다양한 방법으로 눈맞춤을 시도해본다. (PART Ⅱ. '07. 눈맞춤으로 마주 보기' 96쪽 참조)

05. 떼쓸 때 모른 척하기

가끔은 더 이상 허용할 수 없는데도 아이가 계속 요구할 때가 있다. 사탕이나 젤리를 너무 많이 먹어서 이가 썩을까 봐 걱정일 수도 있고, TV를 한번 허용하면 여기에 집착해서 몇 시간이고 계속 보겠다고 할까 봐 두렵다. 좋아하는 과자를 다 먹어서 집 안에 더 이상 남은 것이 없을 수도 있다. 이럴 때 부모들이 가장 많이 하는 말은 "안 돼", "하지 마", "없어", "아니야" 같은 표현이다. 그럼 아이의 떼쓰기가 시작된다. 사실 자폐 아동뿐 아니라 일반 아동도 자신이 좋아하는 것이 왜 금지되는지 잘 이해하지 못한다.

오히려 거절당한 경험이 많아질수록 떼는 더 늘어날 뿐이다. 게다가 금지어에는 어떠한 대안도 들어 있지 않으므로 교육적인 효과도 없다. 오히려 "안 돼"라는 말은 아이에게 여전히 부모가 관심을 보인다는 신호가 되어서 더 적극적으로 떼쓰게 된다.

이제부터 아이에게 "안 돼"라는 표현은 사용하지 않는다. 지금까지 경험상, 부모들은 당장 이 부분부터 매우 어려웠다고 말한다. 그전까지는 잘 몰랐는데 막상 의식하며 실천해보니 평소에 '안 돼' 같은 부정적인 단어를 무의식중에 습관처럼 굉장히 많이 사용하고 있었다는 것이다. 이 표현을 쓰지 않으려면 아이가 언제 어떻게 자신이 원하는 것을 얻을 수 있는지 이해하도록 부모가 일관된 반응을 보여야 한다. 뭔가를 더 이상 허용할 수 없을 때 아이를 통제하는 방법은 아이 스스로 이 상황을 납득하게 만드는 것이다.

우선 아이가 좋아하는 아이템을 일시적으로 아이 눈에 띄지 않게 치워둔다. 좋아하는 것이 더 이상 남아 있지 않다는 것을 알 수 있도록 수납장, 냉장고, 싱크대 등을 직접 눈으로 확인하게 한다. 그런데도 아이가 전혀 납득을 못 하고 떼를 쓰기 시작한다면 이제 부모가 취할 행동은 '무반응'이다. 아이 입장에서 마치 벽을 보고 요구하는 듯한 느낌이 들게 해야 한다. 즉, 모른 척한다. 아무 말도 하지 말자. 눈길도 주지 말자. 아이에게서 몸을 돌린다. 아이가 떼를 쓸 때는 어떤 자극도 주지 않는 것이 낫다. 잘 버텨야 한다. 당장은 어렵지만, 이 경험이 반복되면 아이는 부모의 통제력을 이해하기 시작한다.

떼쓰기 대응할 때 유의 사항

이때 주의할 점은, 아이가 떼를 쓰면서 위험한 행동을 하는 경우다. 자기 신체를 때리거나 머리를 땅바닥에 찧는 경우도 있다. 이런 행동까지 모른 척하면 안 된다. 곧바로 아이 옆으로 다가가 아이를 보호해야 한다. 이때 아이의 손발을 붙잡거나 안아주는 것은 또 다른 관심의 표현이 된다. 푹신한 쿠션, 방석, 급할 경우엔 손바닥을 아이 신체에 갖다 대어 아프지 않게 보호하는 방법이 좋다. 그러면서도 여전히 모른 척해야 한다. 아이에게 시선을 두면 안 된다. 아무 말도 하지 않는다. (칼럼 '탠트럼에 대처하는 법', 214쪽 참고)

무시와 무반응의 차이

떼쓰기와 같은 소위 '문제행동'에 대해 ABA에서 중요하게 생각하는 전략 중 하나는 '무반응'이다. 간혹 이 원리를 오해한 분들 중에는 문제행동이 나타날 때 아이를 그냥 '무시'하고 내버려 두면 된다고 생각하는 분도 있다.

그러나 '무시'란 아이에게 관심을 주지 않고 깔본다는 식의 비윤리적인 의미를 담고 있다. 또 어떤 부모는 이렇게 말한다. "애가 떼를 쓰면 무시하라고 해서 그냥 옆에서 팔짱을 끼고 가만히 아이만 노려봤어요. 그런데 아이가 제 눈치를 살피더니 더 악을 쓰고 울더라고요." 이 경우 아이를 바라보는 부모의 시선이 여전히 아이에 대한 관심으로 작용하고 있다는 사실은 미처 깨닫지 못한 것이다.

무시가 아닌 '무반응'은 아이가 아니라 아이의 '행동'에 관심을 두지 않는 것이다. 혹시 모를 위험한 상황에 대비하기 위해 아이에 대한 관심은 유지하지만, '절차적'으로는 아이의 떼쓰는 행동에 대해 어떠한 반응도 하지 않는다.

그래서 무반응을 할 때는 아이의 요구를 들어주지 않는 것뿐만 아니라 꾸짖지도 않고 말을 걸지도 않으며 쳐다보지도 말라는 것이다. 심지어 같은 공간에 있는 것만으로도 관심의 표현이 될 경우에는 엄마가 그 자리를 벗어나는 것이 더 좋을 때도 있다. 물론 아이가 안전하다는 전제하에 움직인다.

모든 떼쓰기에 대해 일괄적으로 '무반응'을 하면 역효과가 나는 경우도 있다. 예를 들어 장난감 정리를 시키자 하기 싫어 떼를 쓰는 아이에게 '무반응'하면 아이는 정리를 하지 않아도 되고, 결국 아이의 입장에서는 자기가 원한 것을 얻은 셈이 된다.

이처럼 아이의 떼쓰기 목적이 장난감 정리를 회피하는 거라면 이때 '무반응'의 의미는 바로 떼쓰기를 모른 척한 채 끝까지 장난감 정리를 시키는 것이다. 아이가 떼를 쓰더라도 아이

[장난감 정리를 시키자 아이가 싫다고 떼쓸 때]

떼쓰기는 모른 척하고 장난감 정리를 시킨다

계속 떼쓰면 아이 손을 잡고
장난감 한 개라도 통에 담게 한다

의 손을 잡고 단 한 개의 장난감이라도 정리하도록 함으로써, 부모의 지시를 가볍게 여길 수 없다는 것을 알려주어야 한다. 물론 모든 장난감을 정리하라고 하면서 오랫동안 아이와 실랑이를 벌이는 것은 전혀 바람직하지 않다.

'무반응' 전략을 절대 사용하면 안 되는 경우도 있다. 그중 하나는 아이의 행동이 자기자극 행동이거나 신체적으로 위험한 행동일 때다. 이러한 행동은 반응하지 않으면 오히려 아무런 방해를 받지 않으므로 더 심해지기만 한다. 이럴 때는 반드시 아이의 행동을 신체적으로 제지한 후 다른 즐거운 활동이나 장난감, 놀이 등으로 대체해주어야 한다.

06. 좋아하는 아이템 개발하기

요구를 들어주지 않는다고 떼를 부리는 아이가 진정될 때까지 기다리는 방법은 상대적으로 소극적인 대응 방법에 속한다. 아이의 떼쓰기에 대응하는 적극적인 방법은 아이의 요구 사항을 대신 충족시킬 수 있으면서도 허용이 가능한 아이템을 제공하여 아이의 주의를 돌리는 것이다. 어떤 분은 아이가 좋아하는 게 달랑 하나밖에 없어서 그것만 줄기차게 제공한다고 말한다. 하지만 그럼 언젠가는 해당 아이템이 지겨워질 테고, 그 순간부터 더 이상 아이를 통제할 수 없을지도 모른다.

그러니 새로운 아이템을 최대한 자주 개발해야 한다. 아이가 좋아할 만한 물건, 놀이, 활동, 음식이 많다고 안심하면 안 된다. 성인이 그렇듯, 아이의 취향도 시시각각 바뀐다. 그러므로 매일 새로운 아이템을 찾으려고 노력해야 한다. 아이를 계속 따라다니면서 관찰해보자. 아이가 관심 보이는 물건이 생길 때마다 그것을 함께 가지고 놀면서 기록해둔다.

아이의 취향은 시시각각 바뀌므로 매일 새로운 아이템을 찾으려고 노력한다

새로운 아이템 활용하는 방법

그리고 틈날 때마다 테스트해보면서 아이가 계속 흥미를 보이는지 확인한다. 만일 이 방법이 어렵다면 기존에 아이가 좋아하는 아이템의 성질과 특징을 활용하는 것도 방법이다.

예를 들어 아이가 '새우깡'을 좋아한다고 해보자. 아이가 그것을 좋아하는 이유는 새우깡의 성질 중에서 짠맛일 수도, 바삭거리는 질감일 수도, 길쭉한 모양일 수도, 새우 냄새일 수도 있다. 그렇다면 아이가 좋아할 만한 다른 간식을 찾기 위해서는 짠맛 나는 과자, 바삭거리는 과자, 길쭉한 과자, 새우 냄새가 나는 과자를 두루 시험해봐야 한다. 심지어 같은 성질을 가진 아이템이 과자가 아닐 수도 있다. 짭짤한 쥐포튀김일 수도 있고, 바삭거리는 김부각일 수도, 길쭉한 감자튀김일 수도 있다. 이 원리는 과자나 간식 말고도 새로운 물건이나 활동, 놀이를 개발할 때에도 동일하게 적용된다.

잊지 말자. 아이가 좋아하는 것을 던져주고 혼자 놀게 하는 것이 아니다. 건네면서 아이의 눈을 맞춘다. 아이와 함께 놀아주자. 아이가 혼자 놀 때보다 더 즐겁다고 생각해야 한다. 언젠가는 아이도 자기가 좋아하는 아이템을 들고 함께 놀자고 엄마 아빠를 찾아올 것이다. 이런 순간이 온다면 비로소 아이에게 뭔가를 가르칠 시간이 된 것이다.

07. 눈맞춤으로 마주 보기

아이가 좋아하는 것을 관찰하려면 당연히 아이의 시선을 따라가야 한다. 그래서 앉는 위치도 신경 쓸 필요가 있다. 제일 좋은 것은 아이와 마주 보는 자세다. 이때 아이와 눈높이를 맞추려면 부모가 바닥에 엎드려야 할 수도 있다. 부모가 아이를 바라볼 때 아이도 부모를 바라볼 수 있게 한다. 눈맞춤조차 어려운 아이라면 눈맞춤부터 형성해야 한다.

다만 여기서 눈맞춤에 대한 개념을 정리해보자. 사실 눈맞춤이란 상대방을 인식하고 표정을 살피면서 상대방과 의사를 교환하는 일종의 사회적 상호작용이다. 본능적으로 사물보다 사람에게 먼저 시선을 두는 일반 아동과 달리, 자폐 아동은 사물에 먼저 시선을 두었다가 필요에 따라 비로소 사람으로 시선을 이동한다. 아예 사람을 쳐다보지 않는 경우도 정말 많다. 머리에 시선 추적기를 씌우고 안구의 움직임을 측정한 실험을 보면, 일반 아동은 대화할 때 상대방의 눈을 주로 보지만, 자폐 아동은 눈이 아닌 입, 턱, 머리카락 같은 곳에 시선이 분산되어 머무는 것을 볼 수 있다.

눈맞춤은 단순히 상대방 눈을 바라보는 것이 아니다. 그 속에 담긴 '시선 처리 능력'이라고 봐야 한다. 당연히 사회성이 부족한 자폐 아동에게 눈맞춤은 쉽지 않다. 그래서 부모나 치

눈맞춤은 단순히 상대방 눈을 바라보는 것이 아니라
그 속에 담긴 '시선 처리 능력'이다

'까꿍놀이'로 연습하는 법

료사가 반복적으로 훈련을 시킨다. 훈련을 받으면 실제로 눈맞춤이 많이 좋아지기도 한다.

하지만 여기서 훈련된 것은 단순한 신체적 눈맞춤에 불과할 수도 있다. 그래서 눈맞춤을 잘하지 못한다고 무조건 다 자폐라고 할 수 없듯, 눈맞춤이 잘된다고 해서 자폐를 벗어났다고 말할 수도 없다. 단순히 겉으로 보이는 '눈맞춤'에만 집착하지 말자. 또 눈맞춤을 몇 초간 유지하는가에도 집착하지 말자.

아이와 사회적 눈맞춤을 연습하자. 그러려면 얼굴을 마주하고 서로의 시선을 교환할 수 있도록 유도하는 유아 놀이 같은 것이 좋다.

기초적인 유아 놀이 예로는 '까꿍놀이'가 대표적이다. 최대한 아이 얼굴에 가까이 다가가 천이나 수건으로 얼굴을 가렸다가 "까꿍~"하고 등장한다. 아이가 외면해도 아이의 시선을 따라가며 계속한다. 아이가 조금이라도 관심을 가질 때까지 굉장히 여러 번 시도해야 할 수도 있다. 다음에는 아이 얼굴에 좀 더 가까이 다가가자. 엄마가 웃을 때 아이가 웃으며 당신의 눈을 쳐다본다면 드디어 아이가 엄마에게 주목한다는 뜻이다. 어떤 아이는 숨바꼭질을 좋아할 수도 있다. 이것도 까꿍놀이와 같은 맥락이다.

08. 과장해서 표현하기

"아무리 해도 우리 애는 저를 잘 안 보네요." "아이와 함께 있으면 제가 꼭 투명 인간이 된 것 같아요."

이럴 때 엄마가 아이 눈에 더 잘 띄는 방법은 무엇일까? 바로 과장된 표정과 몸짓, 그리고 높은 톤의 커다란 목소리다. **아이를 억지로 보게 만드는 것이 아니라, 엄마가 아이 눈에 더 잘 띄게 하는 것이다.** 아이 앞에서 얼굴을 마주한 채 아이의 시선을 끈질기게 좇으면서 표정과 목소리를 과장하면 언젠가는 아이가 슬쩍 엄마에게 관심을 보일지도 모른다.

과장된 표현 중 하나로, 잔뜩 기대하는 듯한 표정과 몸짓을 아이에게 보여주자. 눈을 계속 맞춘 채로, 눈을 동그랗게 뜨거나 눈썹을 치켜올리고 입을 크게 벌리면서 아이 쪽으로 몸을 기울여보자. 이때 풍부한 표정과 제스처는 필수다.

그리고 과장된 억양과 목소리를 사용하자. 아이가 좋아할 만한 여러 가지 목소리를 내보자. 평소 아이가 관심을 보이는 만화영화 캐릭터가 내는 말투로 하면 더욱 좋다. 과장되게 소리를 내보기도 하고, 노래하듯 말해보자. 이때 운율을 싣거나 리듬을 주어 반복해서 말하면 아이가 더 잘 주목하고 재미있게 여길 수 있다.

아이의 관심을 끄는 방법으로 과장된 표정과 몸짓, 목소리를 사용해보세요

아이의 관심을 끄는 방법

아이가 과자를 먹고 있으면 아이에게 다가가 함께 먹는 시늉을 한다. 아이가 거부하지 않으면 이제 "꿀꺽" 하며 먹는 소리를 크게 내본다. 엄마가 아이 앞에서 눈을 크게 뜨고 '쿵' 소리를 내며 바닥에 넘어진 뒤 입을 벌리고 울면서 손으로는 눈물을 닦아내는 시늉을 하기도 한다.

무엇보다 이런 표정과 말투가 재미있어야 한다. 즐거운 목소리와 미소로 아이에게 상호작용이란 재미있고 즐거운 일이라는 걸 느끼게 해주어야 한다. 그러므로 좀 더 재미있게 할 수 있는 방법을 개발해보자. 그러려면 아무래도 상상력이 필요하다.

사실 연극배우처럼 과장된 몸짓과 말투와 표정을 하는 일은 상당히 낯간지럽고 어색한 일이다. 실제로 ABA 전문가도 처음에 이 훈련을 거칠 때는 굉장히 어색하고 쑥스러워한다. 하지만 끊임없이 이 훈련을 거치면서 점차 솜씨 있는 치료사가 되어가는 것이다.

부모도 마찬가지로 훈련을 한다고 생각해보면 좋겠다. 시작이 어렵지, 계속 어려운 것은 아니다. 처음에는 어색할 수 있다. 그러니 연습해보자. 금방 자연스럽게 익숙해질 것이다.

09. 아이 이름 아껴 부르기

PART II ABA 실천 포인트

아이의 관심을 끌기 위해서, 혹은 아이의 눈맞춤을 유도하기 위해서 부모나 주변 어른이 가장 많이 하는 것 중 하나가 아이 이름을 끊임없이 부르는 일이다. 이름을 부르면 우리 아이가 혹시 쳐다볼까, 하는 마음에 계속 아이 이름을 부른다. 정말 많이 부른다. 심지어는 한 공간에 부모와 아이 단둘만 있을 때도 그렇다. 아이가 쳐다보지 않을수록 부르는 횟수는 더 늘어난다. 아이 이름만 부르는 것이 아니다. 이름을 부르면서 뭔가 가르치거나 확인하고 싶어 한다. "또미야, 이게 뭐야?" "또미야, 이 사람 누구야?" "또미야, 밥 먹을까?" "또미야, '엄마' 해봐." "또미, 안 돼!" …….

반대로 생각해보자. 말을 잘하는 일반 아이가 사사건건 엄마를 부른다.

"엄마, 이게 뭐야?" "엄마, 저게 뭐야?" "엄마, 이 사람 누구야?" "엄마, 이거 사줘." "엄마, 저거 사줘." "엄마 싫어!" "엄마 미워!" 엄마, 엄마, 엄마 ……. 어쩌면 엄마는 참을성을 잃고 버럭 화를 낼지도 모른다. "엄마 안 죽었다! 엄마 좀 그만 불러라!"

이름을 반복해서 부르지 말고,
부른 후에도 지시나 요구를 하지 않도록 주의한다

이름을 불러야 할 때

아이 입장도 똑같다. 아이의 호명 반응을 원하는 부모 마음을 모르는 바 아니지만, 이름을 반복해서 불리는 일은 아이에게 유쾌한 일이 아니다. 게다가 이름을 부르면서 뭘 자꾸 시키면 아이는 이름이 불리는 것이 곧 이어질 지시나 요구의 예고라고 여겨서 그나마 엄마를 돌아볼 마음도 사라질 수 있다. 아이의 이름을 아껴주자. 아이를 부를 때는 이름을 부르기보다 "엄마 봐", "여기 봐" 같은 말로 부르자. 특히 한 공간에 아이와 엄마 단둘만 있을 때라면 지금 엄마가 부르는 대상이 누군지 뻔한데 굳이 이름을 부를 필요는 없다. 그리고 **아이를 부를 때는 멀리서 부르지 않는다.** 가까이 다가가서 아이와 마주 보고 눈높이를 맞춘 상태에서 부른다. 그럼 여러 번 부르지 않아도 아이가 엄마를 바라볼 확률이 높아진다. 그리고 이름을 부르고 나면 지시나 요구를 하지 않도록 주의한다.

이름은 언제 부를까? 그렇다. 아이가 좋아하는 것을 줄 때다. 아이가 원하는 것을 건네줄 때, 아이와 즐겁게 놀 때, 아이가 무언가를 먼저 요구할 때, 그럴 때 아이 이름을 불러준다. 이렇게 반복해서 아이가 좋아하는 것과 이름이 함께 묶여 다니면, 다음에는 이름만 불러도 자기에게 좋은 것이 주어진다는 것을 알고 아이는 슬쩍, 혹은 적극적으로 엄마를 바라볼지 모른다.

10. 아이 행동 따라 하기

만일 아이가 장난감이나 놀이에 도대체 관심이 없어서 아이의 관심 끌기가 난감하다면 그래도 시도해볼 만한 전략이 있다. 바로 모방이다. 아이에게 모방을 가르치는 것이 아니다. 부모가 아이 동작을 똑같이 따라 하는 것이다.

모방은 학습에 가장 중요한 도구이자 사회적 놀이의 수단이다. 그래서 대부분 일반 아동은 눈앞에 보이는 동작을 따라 하면서 놀이와 상호성을 배운다. 하지만 자폐 아동은 아무래도 모방이 잘 나타나질 않는다. 그렇다면 **반대로 양육자가 아이의 동작을 똑같이 따라 해보자.**

앞서 배운 대로 아이와는 마주 보는 상태로 놀이를 하듯이, 아이의 표정을 살피면서 아이의 행동을 따라 한다. 아이의 손동작이나 몸의 움직임을 그대로 따라 하는 것도 좋다. 아이가 소파에 있는 쿠션으로 돌진해서 부딪치면 엄마도 번갈아 돌진해서 쿵 부딪쳐본다. 아이가 사물로 뭔가를 하고 있으면 그 사물 동작도 똑같이 흉내 내본다. 똑같은 장난감이 두 개 있다면 이걸 이용해서 아이의 동작을 흉내 내보자. 아마 아이가 곧 눈치를 채고 관심을 보일 것이다. 아이가 웃는다면 재미있다는 뜻이다. 심지어 어떤 아이들은 다른 사람이 자기를 흉내 내는 걸 즐기기도 한다. 이런 흉내 놀이는 생각보다 복잡하지 않은 사회적 놀이이므로 아이의 관심을 끌기에 적당하면서 부모가 쉽게 시도해볼 수 있는 놀이 방법이다.

아이가 조금씩 관심을 보이기 시작하면 이제 흉내 내기를 게임으로 만들자. 아이가 손에 쥔 물건을 바닥에 떨어뜨리면(이때 매트가 깔려 있으면 좋다) 이제 엄마는 동작을 흉내 내면서 "하나, 둘, 셋!" 하는 숫자 세기를 추가한다. 이걸 여러 차례 반복하다 보면 아이가 엄마의 숫자 세기에 익숙해지고, 다음에 엄마가 물건을 떨어뜨리려고 할 때 아이도 엄마의 반응을 기대하게 될지 모른다. 또는 아이가 물건을 떨어뜨리려고 할 때 엄마가 "하나, 둘, 셋!"을 외쳐 줄 수도 있다.

이번엔 물건을 떨어뜨리는 아래에 작은 플라스틱 그릇을 갖다 놓아보자. 물건이 그릇에 떨어지면서 소리가 나면 아이가 좀 더 관심을 보일 수 있다. 그러다 보면 그릇에 물건을 골

'흉내 내기' 게임하는 방법

인시키는 일이 즐거운 놀이가 되어 아이가 그릇에 물건을 담도록 유도할 수도 있다.

가끔 반복해서 아이 동작을 따라 하다가 갑자기 반복을 멈춰보자. 아이는 기대했던 다음 상황이 벌어지지 않는 것에 어리둥절하다가 엄마에게 해달라고 요청할 수도 있다. 예를 들면 물건을 떨어뜨릴 때 하던 "하나, 둘, 셋!" 숫자 세기를 갑자기 멈출 수도 있고, 반대로 "하나, 둘, 셋!" 하고 숫자를 센 뒤에 물건을 떨어뜨리지 않고 잠시 기다려볼 수도 있다.

이 모든 과정의 핵심은 아이 동작을 따라 하는 일을 의미 있는 놀이로 발전시킨다는 점이다. 아이와의 놀이를 개발하려면 양육자의 창의력이 꽤 필요하다.

잠깐! TIP

아이 행동 따라 할 때 유의 사항

아이의 행동을 글자 그대로 따라만 하는 것이 아니다. 중요한 것은 아이가 뭔가를 눈치채고, 자신의 행동을 따라 하고 있는 상대방에게 흥미를 느끼는 것이다. 그러므로 아이의 동작을 무작정 따라 하지 말고, 동시에 아이의 눈치를 잘 살펴야 한다. 아이가 관심을 보이지 않는다면 끈기 있게 어떻게든 아이의 관심을 끌어야 한다.

11. 몸으로 같이 놀아주기

어떤 이는 '놀이가 그냥 노는 거지'라고 생각할지도 모른다. 하지만 모든 아이는 놀이에서도 여러 발달 단계를 거치면서 궁극적으로 사회적 상호작용을 배운다. 처음에는 혼자 주변의 사물이나 장난감을 갖고 노는 단계에서 시작해서 점차 놀이를 모방하고 또래와 게임을 하는 수준까지 발달한다. 다음은 일반 아동의 놀이 발달 단계와 순서다.

- 1단계 구경꾼 _ 다른 아동이 노는 것을 지켜볼 뿐, 아직 같이 놀지 않는다.
- 2단계 병렬놀이 _ 친구와 나란히 앉아 각자의 놀이를 즐긴다.
- 3단계 공동놀이 _ 각자 같은 종류의 장난감을 들고 함께 논다.
- 4단계 가상놀이 _ 자기 자신이나 물건을 다른 사람이나 물건으로 상징화하여 논다.
- 5단계 사회 놀이 _ 장난감을 공유하거나 교환하며 사회적 놀이 기술을 기른다.
- 6단계 협력 놀이 _ 게임이나 놀이에서 공동의 목표를 위해 의사 교환하는 등 사회적 기술을 활용한다.

일반 아동은 보통 사회적 놀이 기술을 먼저 배우고 나서 장난감으로 노는 법을 배운다. 이처럼 사회적 발달이 대소근육의 발달보다 먼저 이뤄진다.

자폐 아동은 이 순서가 바뀐다. 자폐 아동은 사회적 놀이보다는 장난감 놀이를 먼저 배운다. 자폐 아동은 다른 아이가 노는 것을 관심 있게 지켜보지 않는다. 장난감이나 주변의 물건에 집착하지만 제대로 노는 법을 배울 줄 모른다. 그래서 심지어 어떤 아동은 차라리 과제 하는 걸 더 쉽게 해내기도 한다. 앞에서 얘기한 까꿍놀이나 숨바꼭질과 같은 어른 주도의 대면놀이를 활용하려는 것은 이런 이유에서다.

대면놀이 중 가장 간단한 것은 역시 몸놀이다. 까꿍놀이, 숨바꼭질 외에도 흔들의자나 그네, 담요 그네, 이불 김밥말이와 같이 아이의 몸을 움직이거나 자극할 수 있는 놀이를 활

어른 주도의 대면놀이

용하면 아이의 자세가 고정되어 있는 동안 아이의 시선을 주목시킬 수도 있다. 이때 놀면서 뭔가 재미있는 동작이나 감각을 첨가해보자. '쿵쿵!', '흔들흔들!', '데굴데굴!' 하는 소리를 내면서 좀 더 놀이의 재미를 더할 수도 있고, 아이를 간지럽혀 웃음을 유도할 수도 있다. 몸놀이가 익숙해지면 로션, 플레이 도우, 모래, 핑거페인팅 등 감각을 활용한 놀이도 시도해본다.

[몸으로 하는 대면놀이]

어른 주도의 대면놀이는 아이의 사회적 상호작용을 키워준다

# 12. 교대로 주고받기

놀이에서 중요한 점은 부모가 놀이 상황에서 아이가 좋아하는 아이템(또는 가장 강력한 아이템)이 되어야 한다는 것이다. 이것이 가능하다면 이제 아이와 교대로 하는 게임을 시도해볼 만하다. 예를 들면 아이가 좋아하는 장난감 자동차를 주고받으면서 번갈아 앞뒤로 굴려본다거나 장난감 악기를 교대로 연주해본다거나 하는 일이다. 아이가 좋아하는 스마트폰을 주고받을 수도 있다. 그런데 막상 현실에서는 아이가 한번 손에 넣은 장난감을 절대로 빼앗기지 않으려고 할 때가 많다. 특히 스마트폰 같은 것은 거의 실랑이를 벌이다가 급기야는 강제로 빼앗는 지경이 된다. 왜 이렇게 되는 것일까? 그것은 아이가 부모를 신뢰하지 못해서다. 자신의 손에서 떠난 장난감이며 스마트폰이 언제 다시 돌아올지 알 수 없기 때문이다. 일단 한번 빼앗긴 스마트폰은 다시는 돌려받을 수 없을지도 모른다고 생각한다. 아이에게 부모는 좋은 것을 주는 사람이 아니라 좋은 것을 빼앗아가는 사람일 뿐이다. 그러므로 **아이와 뭔가를 교대로 하려면 먼저 아이에게 신뢰를 심어주어야 한다.**

 스마트폰을 강제로 빼앗는다

한번 손에 넣은 스마트폰을 절대로 놓지 않으려는 것은
자신에게 다시 돌아오지 않는다고 생각하기 때문이다

주고받는 상호성 게임

먼저 아이와의 거리가 아주 가까워야 한다. 아이에게 가까이 다가가 아이가 즐기고 있는 장난감이나 아이템을 달라고 요구해본다. 혹시라도 아이가 자발적으로 건네주면 놀라는 표정을 지으면서 곧바로 아이에게 돌려준다. 아이가 어리둥절한 표정을 지을지도 모른다. 만약 아이가 저항하면 실랑이를 벌이지 말고 재빨리 아이 손에서 낚아챈다. 낚아채기 전에 "엄마 차례"라고 말하면서 아이의 손을 잡아 엄마 가슴에 대는 제스처를 함께 하면 말로만 하는 것보다 훨씬 이해하기 쉽다. 그런 뒤 곧바로 아이에게 돌려주자. 돌려주면서 아이의 가슴에 손을 대고 "또미 차례"라고 제스처를 함께 취한다. 이 과정을 반복하면 아이는 자신이 좋아하는 물건이 엄마에게 넘어갔어도 다시 돌아올 수 있다는 것을 배우게 되고, 나중에는 순순히 장난감을 건네줄 수 있다.

아이에게 장난감을 돌려줄 때 더 좋은 장난감으로 바꿔준다면 교환의 개념을 가르칠 수도 있다. 공을 굴린다면 서로 다리를 벌린 채 하나, 둘, 셋을 외치면서 공이 아이에게 콩-하고 부딪힐 정도로 밀어준다. 아이가 관심을 보인다면 이번엔 아이 손을 끌어 공을 잡게 한 뒤 하나, 둘, 셋을 외치면서 공을 부모 쪽으로 밀게 한다. 이런 과정을 통해서 주고받기에 의한 상호성을 알려줄 수 있다.

칭찬은 미루지 않고
바로바로 줄 수 있는
최고의 강화물이다

CHAPTER 2

가장 먼저 실천해야 할 것

학습의 시작, 그리고 즐겁게 배우기

앞에서 아이에게 뭔가를 직접 가르치기 전에 학습이 일어날 만한 기본적인 환경을 만드는 방법에 대해 알아보았다. 아이가 주변 사람에게 관심을 갖기 시작했다면 이제 비로소 뭔가를 가르칠 기회가 온 것이다. 좋아하는 과자를 달라고 하는 것, TV를 보여달라고 요청하는 것, 무릎에 올려놓은 천을 집어 들고 까꿍놀이를 요구하는 것, 좋아하는 장난감을 들고 함께 놀자고 다가오는 것 등은 아이에게 자발적인 사회적 동기가 생겼다는 것을 의미한다.

바로 이 자발성과 동기야말로 아이에게 무언가를 가르치기 위해 필요한 도구다. 아이가 자발적으로 다가왔는가? 그럼 이제 아이에게 뭔가를 본격적으로 가르칠 수 있다.

앞에서 이 책의 바탕인 ABA란 학습과 행동에 대한 과학이라고 설명했다. ABA에 따르면 사람은 무엇을 하든 그로 인해 얻는 결과에 따라 미래의 행동이 변화한다. 바로 이것이 학습의 원리다. 자신의 행동이 바람직한 결과를 가져오면 이후에도 같은 행동을 반복하고, 반대로 자신의 행동이 안 좋은 결과를 가져오면 다음에는 그 행동을 하지 않게 된다. 그러므로 아이의 행동과 주변 환경을 잘 분석하여 동기를 자극할 만한 보상을 제공하면 아이는 스스로 바람직한 행동을 늘리려 할 것이다.

물론 학습의 원리가 반드시 보상에만 의존하지 않는다. 일반 아동들은 아무런 보상이 주어지지 않아도 주변을 관찰하고 모방하면서 배우기도 하고, 어른이 직접적으로 가르쳐주는 것을 스펀지처럼 흡수하기도 한다. 또 문제 해결을 위한 시행착오를 겪으면서 배우기도 하고, 외적 보상이 아닌 내면의 동기와 기대에 의해 학습하기도 한다.

하지만 이러한 전통적인 학습 방법은 자폐 아동에게는 잘 맞지 않는다. 사회적 상호성이 부족하다 보니 주변을 관찰하거나 어른의 지도를 따르는 것이 어렵고, 내면의 동기와 기대 역시 찾기 어렵다. 자폐 아동에게는 질서, 규칙, 지시 등은 아무런 의미가 없다.

자폐 아동은 '왜' 배우는지를 잘 모른다. 놀이 기술, 모방, 의사소통 같은 것들을 배우는 의미가 뭔지, 이것들이 왜 중요한지 알 리가 없다. 그렇기 때문에 자폐 아동에게 보상이라는 동기를 부여하여 학습시키려는 것이다.

아이의 입장에서 모든 행동은 가치중립적이다. 아이는 자신의 행동에 대해 그것이 좋은 행동인지, 나쁜 행동인지, 옳은 행동인지, 그른 행동인지를 판단하지 않는다. 판단할 능력도 없다. 오직 자신의 행동에 의해 돌아오는 결과가 어떠한가에 따라 그 행동이 앞으로 늘어나거나 줄어들 뿐이다. 따라서 사회적으로 올바르고 바람직한 행동을 가르치는 것은 부모의 몫이다.

즉, 아이에게는 가치중립적이었던 행동에 좋은 보상을 줌으로써 아이에게 동기를 부여하고 그 행동을 자연스럽게 늘리는 것이다. 그렇게 부모는 평소에 아이에게 가르치고 싶었던 행동이나 기술을 가르치는 것이고, 아이는 자기가 뭔가를 배우고 있다는 것도 모르고 배우게 된다.

이번 챕터에서는 아이에게 무엇을 어떻게 가르치면 좋은지 소개하였다. 제목만 보면 당장이라도 아이가 말을 알아듣고 부모의 지시를 따르게 할 수 있을 것 같다.

하지만 이를 위해서는 우선 갖춰야 할 요건이 있다. 이번 챕터의 앞부분에는 이 선결 요건의 내용을 우선 소개하였다. 그래서 우리는 기초적인 학습의 원리와 방법, 주제에서 시작하여 차근차근 단계적으로 접근할 것이다. 단, 모든 아이의 발달 순서는 똑같지 않다. 이것은 자폐 아동도 마찬가지다. 내 아이의 발달 단계를 잘 살펴본 뒤, 여기서 소개하는 내용 중 이미 완성된 단계나 할 수 있는 부분은 건너뛰고, 아이가 잘 해내지 못하는 부분만 선택하여 적용해도 괜찮다.

바람직한 결과를 가져오는 행동은 계속 하고, 안 좋은 결과를
가져오는 행동은 하지 않는 것, 바로 학습의 원리다

13. '강화하기'는 기본 중의 기본

이제 드디어 아이에게 뭔가를 가르치는 비결을 배울 차례다. 지금쯤 눈치챘겠지만, 그 비결이란 아이가 좋아하는 것으로 아이의 동기를 자극하는 방법이다. 앞에서 수없이 강조했던 '아이가 좋아하는 아이템', '아이와 함께 하는 놀이', '아이가 즐기는 활동'을 ABA에서는 '강화물(reinforcer)'이라고 한다. **이 강화물을 활용하여 행동을 늘리는 과정을 '강화(reinforcement)'라고 부른다.** 이 용어가 지금은 낯설겠지만 앞으로 '강화물', '강화' 두 단어를 자주 듣게 될 것이다.

뭔가를 가르쳤을 때 아이가 해내면 바로 강화한다. 아이가 하는 행동에 부모가 반응하고 이를 강화하는 것은 학습에 사실상 유일한 수단이라고 해도 과언이 아니다. 강화하자. 두말할 필요도 없다. 설사 아이가 가르쳐주는 것을 곧바로 해내지 못하더라도 어떻게든 해보려고 애쓴다면, 심지어는 노력하려는 낌새만 보여도, 마찬가지로 강화해야 한다. 그래야 아이가 보람을 느끼고 다시 노력하게 된다.

간혹 ABA를 접한 경험이 있는 부모 중에는 강화물을 과자나 사탕 같은 것으로만 생각하는 분도 많다. 그래서 ABA 중재 과정이 마치 간식으로 강아지를 훈련하는 것 같다며 못

112

강화해야 하는 순간들

마땅해하는 분도 있다. 하지만 이 책을 읽고 있는 분이라면 이제 강화물이란 것이 반드시 음식이나 간식만을 말하지도 않고 ABA가 동물 훈련 같은 것도 아님을 알았을 것이다.

앞서 우리는 아이가 좋아할 만한 강화물을 찾고 이를 아이에게 건네주라고 배웠다. 사실 이 과정은 부모 스스로가 강화물이 되는 과정이다. 뭔가를 가르칠 때마다 아이를 강화하게 되면 아이는 부모와 함께 하는 학습이란 곧 강화받는 시간이라는 것을 몸으로 느끼게 된다.

학습 시작 이전 단계부터 아이가 강화를 꾸준히 경험하게 하면, 다음 단계에서 학습에 필요한 지시와 요구를 해도 아이는 자연스럽게 반응한다. 만일 이러한 과정 없이 '네가 이걸 잘 해내야만 네가 좋아하는 걸 얻을 수 있어'와 같은 기계적인 방법으로는 아이에게 뭔가를 가르치는 일은 어렵게 된다. 강화라는 걸 경험해보지 못했으니 아무런 동기도, 보람도, 노력도 없기 때문이다.

반드시 기억하자. 이제부터 무엇을 가르치든 아이의 올바른 행동 다음에는 강화가 제공되어야 한다. 앞으로는 특별히 강조하지 않더라도 '강화는 기본 중의 기본'이라는 것을 잊지 말자.

PART II ABA 실천 포인트

14. 0.1초 만에 즉시 강화하기

바람직한 강화 타이밍은 언제일까? 가르치고자 하는 행동을 아이가 해낸 '직후'다. 아이가 성공하자마자 0.1초 만에 즉시 강화한다. 부모들은 아이가 뭔가를 해내는 순간 너무 기쁜 나머지, 강화를 까맣게 잊고 이렇게 얘기한다. "와~! 한 번 더 해봐!" 내일의 목표를 위해 오늘의 행복을 포기하면 안 되는 것처럼 '한 번 더' 성공시키고 싶은 마음에 당장의 강화를 미루면 절대 안 된다.

행동 직후에 곧바로 강화하는 이유는 아이가 자신의 어떤 행동이 강화되었는지 깨닫게 하는 데 있다. 예를 들어, 부모가 아이에게 뭔가를 계속 가르쳤는데, 그전까지는 매번 실패하던 아이가 어느 순간 과제에 성공했다고 하자. 너무나 기쁜 부모는 아이가 해내는 모습을 다시 보고 싶어서 한 번 더 시켰는데 그 순간 짜증이 난 아이가 갑자기 소리를 꽥 질렀다. 이때 깜짝 놀란 부모가 얼른 아이를 강화했다면, 아이로서는 자신이 강화받은 것은 과제의 성공이 아니라 꽥 소리친 행동이라고 생각하게 된다. 그럼 다음에는 강화를 받기 위해 소리부터 질러댈 것이다. 이처럼 강화 없이 지시와 요구만 반복하는 것은 아이의 동기와 학습을 방해하는 일이다.

열 번을 성공하면 열 번을 강화한다. 강화가 너무 많을까 봐 염려하지 말자. 나중에는 강화의 빈도를 줄이고 간격을 점점 늘려서 최종적으로는 강화물 없이 성공하게 만드는 것이 목표다. 하지만 지금은 아직 시작 단계다. 물론 어쩔 수 없이 강화를 미룰 때도 있다. 당장 손에 강화물이 들려 있지 않은 경우다. 이럴 때를 대비해서 평소에 꼭 실천해야 할 사항이 있다. 아이가 좋아하는 강화물(물건, 음식, 놀이, 활동, 그 어떤 것이든)을 제공할 때는 반드시 칭찬을 동시에 해야 한다. 강화물과 칭찬을 계속 결합하다 보면 이 칭찬이 강화물이 되고, 나중에는 칭찬만으로도 강화가 가능해진다. 마치 강화물을 제공하는 부모가 강화물이 된 것처럼 말이다.

그냥 칭찬하는 것만으로는 부족하다. 아이가 칭찬받은 것을 느낄 수 있도록 칭찬해야 한다. 자폐 아동은 일반 아동과 달리 칭찬이 왜 좋은지 처음에는 모르는 경우가 많다. 따라서 말

돈 안 들이고 강화하는 방법

로만 무미건조하게 칭찬하면 칭찬의 효과를 나타내지 못한다. 앞에서 배운 대로 칭찬을 재미있게 해야 한다. 예를 들면 칭찬할 때 아이의 눈을 바라보자. 그리고 즐겁고 유쾌한 표정을 짓는다. 과장되고 신나는 목소리도 낸다. 아이가 몸으로 느낄 수 있게 손뼉을 마주치거나 간지럼을 태워도 좋다. 일단 강화물로 자리 잡으면 칭찬은 최고의 강화물이 된다. 칭찬은 돈이 들지 않는다. 일부러 주머니에 따로 넣어 다닐 필요도 없다. 음식물처럼 많이 준다고 금방 질리지도 않는다. **칭찬은 미루지 않고 바로바로 줄 수 있는 최고의 강화물이다.**

강화물의 기본 법칙

강화물의 활용 방법은 모든 상황에서 동일하다. 다음은 강화물에 대한 기본 법칙이다.

01 부모 스스로가 강력한 강화물이 되어야 한다

아이에게 신뢰를 주자. 부모는 좋은 사람, 재미있는 사람임을 보여주자. 부모 스스로 강화물이 되면 아이를 가르치는 일이 훨씬 수월해진다. 이 작업은 학습이 시작된 이후에도 계속되어야 한다. 이때 주의할 사항이 있다. 아이가 뭔가 쑥쑥 배우는 것 같고 학습 진도가 빨라지는 것 같으면 부모도 신이 나서 아이에게 점점 더 많은 과제를 시키고 점점 더 오랫동안 가르치려는 함정에 빠진다. 그럼 아이와 부모의 사이가 멀어지고 예전처럼 아이가 어른을 모른 척하게 되는 상황이 발생한다. 그럴 때는 다시 처음으로 돌아가 아이에게 좋은 강화물이 되어주자. 이런 이유에서 학습 초기에는 전체 시간의 4분의 3을 강화에 사용하고 나머지 4분의 1만 학습에 할애하라고 조언하는 ABA 전문가도 있다.

02 강화물의 종류가 다양해야 강화물로서 가치가 유지된다

한두 가지 아이템만 반복해서 사용하면 금방 싫증 낸다. 전문가도 여러 강화물을 돌려가면서 사용하고 끊임없이 새로운 아이템을 개발하고 탐색한다. 슈퍼마켓, 편의점, 장난감 마트, 저가 생활용품점, 인터넷 등은 좋은 장소다. 기존 강화물의 가치를 높여주는 방법도 고안해야 한다. 예를 들어 아이가 항상 열어보는 가방에 좋아하는 과자를 미리 넣어두면 아이가 뜻밖의 상황에 깜짝 놀라며 더 좋아할 수 있다.

03 평소에 강화물을 결핍시키는 등 잘 통제한다

아이 마음대로 강화물을 얻을 수 있으면 강화물이 제대로 효과를 발휘할 수 없다. 아이가 마음대로 젤리를 먹을 수 있다면 정작 수업 시간에는 강화물로서의 가치를 잃어버린다. 동기가 커질수록 수업의 효과는 높아진다.

04 학습 초반에는 쉽게 통제할 수 있는 강화물을 사용한다

만약 TV나 스마트폰을 강화물로 사용했더니 아이가 너무 좋아해서 다시 회수할 때마다 아이와 씨름을 해야 한다면, 아이에게 엄마는 무언가를 주는 사람이 아니라 빼앗는 사람이 되어버린다. 이런 상황이 반복되면 오히려 떼쓰기를 자연스럽게 반복해서 학습하게 된다. 또, 떼쓰는 만큼 학습 시간을 잃게 된다. 그러므로 만일 아이의 집착이 심해서 다시 회수하기 어려운 아이템이라면 초반에는 이러한 아이템은 사용하지 않는다. 대신 아이의 집착 정도가 덜해서 주고받기가 자연스러운 아이템을 강화물로 사용한다.

05 강화물이 뇌물이 되어서는 안 된다

아무런 행동도 일어나지 않았거나 아직 행동으로 옮기기 전인데 강화하면 뇌물이 된다. 그럼 아이는 강화물을 두고 협상을 하려고 한다. 이거 할 테니 먼저 사탕을 달라는 식이다. 반드시 순서를 지키자. 특히 문제행동이 있을 때 아이를 달래는 용도로 강화물을 사용해서는 절대 안 된다. 아이가 금방 문제행동을 무기로 활용할 것이다.

06 구체적인 행동에 대해 강화한다

강화는 무조건 많이 준다고 좋은 것이 아니다. 구체적인 행동이나 해낸 일, 노력하는 과정을 강화해야 한다. 공짜 강화는 오히려 아이를 망칠 수 있다.

07 강화의 빈도와 간격을 조절한다

처음에는 성공할 때마다 강화한다. 그러나 실제로 이렇게 하는 것은 어렵다. 항상 아이의 강화물을 챙겨 다닐 수도 없고, 특히 어린이집이나 유치원에서는 불가능하다. 그러므로 아이가 강화에 익숙해지면 점차 강화의 빈도를 줄여나간다. 두 번 성공에 한 번 강화, 세 번 성공에 한 번 강화하는 식으로 점차 간격을 넓힌다. 최종 목표는 강화가 없이도 잘 수행하는 것이다. 물론 이 간격을 너무 급하게 변동시키면 아이가 좌절할 수 있으니 속도를 잘 조절하자. 간격을 하나 늘리는 데 몇 주가 걸릴 수도 있다.

또 잊지 말아야 할 것이 있다. 아이에게 강화할 때마다 반드시 칭찬해야 한다. 강화물이 없는 환경에서도 사회적 강화물인 칭찬만으로도 아이가 잘 행동할 수 있다.

15. 성공하도록 옆에서 살짝 돕기

아이가 잘 배우지 못한다고 낙담하지 말자. 잘 못하니까, 잘 모르니까 가르치는 것이 아닌가. 처음부터 잘할 수는 없다. 부모가 할 일은 낙담하거나 아이를 채근하는 것이 아니라, 아이가 못 하는 것을 옆에서 살짝 도와주어 성공하게 하는 것이다.

ABA에서는 이 도움을 '촉구(prompt)'라고 부른다. 이때 중요한 것은 역시 '엄청난 강화'다. 아이가 성공할 수 있도록 도와준 후 강화를 해주면 아이는 강화에 맛을 들이고, 이 성공의 경험 덕분에 다음에는 도움을 좀 덜 주더라도, 심지어 도움을 안 줘도 스스로 할 수 있게 된다. 아무런 도움 없이 처음부터 혼자 잘할 수는 없다.

촉구는 항상 최소한으로 제공한다는 것을 기억하자. 미리 다 해주면 안 된다. 촉구하기 전에 2~3초 정도 아이가 스스로 성공할 수 있도록 기다려준다. 혼자 못 하면 다시 촉구하면 된다. 만일 기다리지 못하고 부모가 다 도와주면 아이는 의존성이 생긴다. 도움이 없으면 아무것도 못 하거나 아예 하지 않으려 할 수도 있다. 반대로, 촉구하는데도 불구하고 아이가 잘 못하는 경우도 있다. 이런 경우는 과제 자체가 너무 어려워서일 가능성이 있다. 그러니 아이가 잘할 수 있는 단계에서 시작한다.

아이가 혼자서는 수행하기 어려운 과제라면 더 쉬운 단계로 낮추는 것이 바람직하다. 이것을 후퇴라고 생각할 필요는 없다. 자폐 아동은 이미 배운 기술도 일관성 있게 사용하지 못할 때가 많다. 어떨 때는 잘하던 행동을 어떨 때는 전혀 못 하기도 하고, 또래와 함께 있을 때는 안 하던 행동을 혼자 두니까 잘할 때도 있다. 그러니 아이의 발전이 좀 느리더라도 성공을 많이 경험시키는 것이 중요하고 의미가 있다.

만일 아이가 틀리면 어떻게 하는가? 그럼 시범을 보인다. 교정하기보다는 어떤 것이 정답인지 보여준다. 아이에게 '틀렸어'라고 하면서 자꾸 고치려 하면 아이는 좌절한다. '교정'이란 건 학습의 '과정'이라기보다는 '결과'에 대한 부모의 집착에 가깝다. 아이가 틀리면 아이를 고치려 하지 말고 엄마가 시범을 보이면서 어떻게 해야 하는지를 알려준다. 그런 다음

살짝 도와줄 때 유의 사항

즉시 아이를 붙잡아 성공할 수 있도록 도와준다. 성공한 뒤에 아이를 바로 강화하는 것은 당연한 순서다. 이렇게 하면 아이는 마치 자신이 뭔가를 해낸 것으로 생각하여, 그다음에는 도움을 좀 늦추거나 적게 주더라도 아이가 자신의 힘으로 해내려고 할 가능성이 커진다.

한 번에 아주 조금씩만 변화를 주자. 배우는 것이 늘어날수록 단계의 변화를 너무 심하게 두지 않는다. 예를 들어 '자동차'를 포인팅으로 요구하는 것이 가능해졌다고 해서 곧바로 '자동차'를 말해보라고 가르치지 않는다. 단계 변화가 심하면 아이는 갑작스럽게 어려워진 과제에 좌절할 수도 있다. 한 번에 한 가지씩만 가르치자. 또 다른 예를 들면 '자동차' 외에도 다양한 음식이나 장난감을 포인팅하게 가르치는 것이다. '자동차'를 말해보라고 시키는 일은 나중의 일이다. 때가 될 때까지 기다리자.

II PART ABA 실천 포인트

16. 정해진 자리 지키기

학습은 집, 학교, 지역사회 등 어디서든 일어난다. 하지만 자폐 아동은 우선 통제가 잘되는 환경에서 먼저 학습을 시킨 후 점진적으로 다른 환경에서도 써먹을 수 있도록 해야 한다. 집에서도 학습은 바닥이든 식탁이든 어디서나 가능하지만 웬만하면 별도의 책상이나 테이블에서 진행할 것을 권한다. 물론 취학 전의 아동이 유치원이나 어린이집에서 책걸상을 사용하는 경우는 많지 않다. 그러나 자폐 아동은 바닥이나 식탁처럼 밥을 먹거나 쉬는 곳에서 학습하면 장소 간의 용도 구별이 모호해져 학습이 효과적으로 이뤄지기 어렵다. **학습 공간을 구분하는 것은 공간 자체를 학습 준비가 된 곳으로 만드는 과정이다.**

책상과 의자를 갖췄다면 이제 '착석'을 가르칠 차례다. ABA에서 착석을 가르치는 방법은 지금까지의 방법과 같다. 우선 책상을 즐거운 장소로 만들어야 한다. 책상 위는 평소에 얻지 못하는 강화물을 얻어 즐길 수 있는 즐거운 장소여야 한다. 책상은 아이에게 좋은 것이 주어지고 좋은 경험이 생긴다는 신호가 되어야 한다. 아이 스스로 즐겁게 책상으로 다가와 앉는다면 쉽게 학습을 시작할 수 있고, 나중에는 더 집중적인 수업을 진행할 수도 있다. 이런 과정이 쌓이면 나중에 학교에 다니게 되었을 때 자연스럽게 착석하여 과제 수행을 할 수 있다. 만일 아이가 좋아하는 강화물이 방 안 여기저기 놓여 있다면 아이는 학습 공간을 벗어나 강화물이 있는 곳으로 갈 것이다. 그러므로 모든 학습 도구와 강화물은 부모의 통제 안에 놓여 있어야 한다. 강화물과 학습 자료를 잘 정리해서 치워놓는 이유가 여기에 있다.

필요할 때는 꺼내서 건네주지만, 오직 책상 위에서만 즐길 수 있게 한다. 학습이 끝나고 강화가 완료되면 사용했던 강화물은 제자리에 둔다. 이것을 반복하면 학습 자료와 강화물 등의 아이템을 정리할 뿐만 아니라 아이가 마음대로 강화물을 얻지 못하게 통제하는 두 가지 목적을 모두 만족시킬 수 있다.

강화물을 정리할 때는 잘 보이는 투명 박스, 지퍼백, 바구니 등에 담는다. 교구나 장난감을 그대로 수납 선반에 올려두지 말고 바구니 등을 사용하면 시각적 자극을 줄일 수 있는 장

학습 공간 만들 때 유의 사항

점도 있다. 또한 정리에 대한 개념도 가르칠 수 있다. 처음에는 아이가 스스로 정리하지 못하니 엄마가 함께 정리해준다. 단, 100퍼센트 다 해주면 안 된다. 마지막 한 조각만이라도 아이가 정리하도록 도와준다. 예를 들면 아이 손을 잡고 함께 바구니를 선반에 올려놓으면서 곧바로 아이를 칭찬한다.

17. 장난감 놀이 가르치기

자폐 아동의 부모들도 여느 부모와 다르지 않아서 아이의 창의력이나 역할놀이에 도움이 된다는 생각에 블록이나 장난감 자동차를 사주는 경우가 많다. 어른이 보면 이런 장난감의 용도가 뻔한데 자폐 아동은 이런 장난감들의 목적이 무엇인지 알지 못해서 아무런 재미를 느끼지 못한다. 그래서 일렬로 죽 늘어놓기만 하는 등 자기만의 방식대로 놀게 된다. 자폐 아동에게 자동차, 링 끼우기, 블록, 자석놀이, 병원놀이, 과일 모형 등이 초기 장난감 놀이로 적합하지 않은 것은 아이가 이리저리 갖고 놀아도 흥미를 불러일으킬 만한 결과가 일어나지 않기 때문이다. 같은 맥락에서, 건전지를 넣고 버튼만 눌러두면 혼자 알아서 계속 움직이고 불빛이 번쩍거리거나 소리 나는 장난감도 아이의 흥미만 자극할 뿐, 아이를 수동적인 상태로 두는 것과 같아서 바람직한 장난감은 아니다.

처음에 학습하기 좋은 것은 '원인-결과 장난감(cause and effect toy)'이다. 아이가 특정한 동작을 입력해야만 움직이는 장난감을 말한다. 아이가 직접 버튼을 누르거나 태엽을 감거나 줄을 잡아당기는 식으로 뭔가를 제공하면 그 결과로 좋아하는 노랫소리가 나오거나 부속이 튀어 오르는 등 장난감이 움직이게 된다. 이러한 '원인-결과 장난감'이 좋은 것은 인과관계에 대한 개념을 심어주기 때문이다. 블록이나 자동차와 다르게 움직이거나 소리 나는 장난감을 작동시키려면 장난감에 무슨 동작을 해야만 한다. 예를 들면 깜짝 상자(Jack in the box), 팝업 토이(pop-up toy, 버튼을 누르면 뭔가 튀어나오는 장난감) 같은 것들이다. 결과가 확연하게 드러날수록 활용하기 좋다. 아이가 좋아하고 재미있어하는 장난감일수록 동기 부여가 확실하다. 아이가 음악을 좋아하면 버튼을 눌렀을 때 노래가 나오는 장난감을 선택해보자. 오르골도 좋고, 시중에 파는 사운드 북도 좋다.

장난감 놀이를 가르치기 전에 아이의 대소근육 능력이 어느 수준인지 확인한다. 소근육이란 보통 손이나 손가락의 움직임과 관련된 근육을 말한다. 장난감을 움직이려면 손가락으로 버튼을 힘껏 눌러야 한다. 그런데 아이가 아직 손가락 사용이 서툴거나 손가락 힘이 약해서

'원인-결과' 장난감이 좋은 이유

버튼을 제대로 누르지 못하는 수준이라면 정작 원하는 대로 장난감을 갖고 놀지 못해서 아이가 (덩달아 부모도) 좌절할 수 있다. 따라서 아이의 대소근육 운동 수준을 고려하여 아이가 갖고 놀기 쉬운 장난감을 선택한다. 예를 들어 소근육이 서툰 아이라면 큼직한 버튼을 손바닥으로 누르는 장난감을 고르면 된다.

아이가 장난감을 어떻게 갖고 노는지 잘 배우지 못하면, 부모가 여러 번 노는 법을 보여주면서 알려준다. 아이 손을 잡고 동작을 알려줘야 할 때도 있다. 그럼 아이가 장난감을 갖고 놀 때 어떤 동작이 필요한지 배우게 된다.

잠깐! TIP

장난감 놀이는 아이 수준에 맞추기

그렇다고 아이가 자기 방식대로 노는 것을 일부러 못 하게 막을 필요는 없다. 오히려 원인-결과 장난감에는 전혀 관심이 없어도 블록을 쌓거나 일렬로 세우는 것은 정말 좋아할 수도 있다. 그럴 때는 그 역시 장난감으로 할 수 있는 많은 놀이 중 하나라고 생각해도 괜찮다. 교육이란 아동의 현행 수준에서 출발하는 것이지, 미리 짜놓은 각본에 억지로 아이를 맞추는 것이 아니다.

PART II ABA 실천 포인트
18. '모방하기' 가르치기

장난감 사용법을 보여줘도 아이가 좀체 배우지 못할 수도 있다. 자폐 아동은 모방이라는 개념과 원리를 잘 모르기 때문이다. 모방은 모든 교육에 가장 중요한 학습 수단이다. 돌 이전의 유아조차 어른의 얼굴을 보면서 표정을 따라 하는 걸 보면 모방은 선천적인 본능이라고 할 수 있다. 하지만 자폐 아동은 모방 자체를 이해하지 못하기에 모방이 어렵다. 예를 들어 혼자서 손뼉치기를 할 수 있는 아이도 막상 부모가 따라서 손뼉치라고 하면 못 하는 경우가 있다.

모방에서 가장 어려운 건 모방의 개념과 과정을 이해하는 것이다. 모방이 어려운 또 다른 이유는 다른 사람을, 그리고 그 사람의 동작을 잘 주목하지 않는 것이다. 지금까지 아이와 마주 보면서 아이의 흥미를 유발하여 엄마를 바라보게 하려고 노력한 것도 바로 이 때문이다.

아이에게 의도적 모방을 가르치는 첫 단계는 사물을 이용한 간단한 동작을 따라 하게 하는 것이다. 팔을 올려 '만세'나 '사랑해'와 같은 동작을 먼저 시도해볼 수도 있다. 하지만 머리 위로 팔을 번쩍 들거나 코에 손가락을 대는 동작은 아이가 자신의 동작을 직접 확인하지 못하니 어려울 수 있다. 그래서 아이가 흥미를 느끼고 재미를 느끼는 아이템으로 아이의 관심을 끄는 사물 모방을 먼저 시작하는 것이 좋다(물론 처음부터 신체 모방을 잘하는 아이도 많다).

딸랑이를 예로 들어보자. 딸랑이는 원래 흔드는 장난감이고 소리도 나므로 아이가 관심을 보일 수 있다. 아이가 딸랑이를 붙잡고 조금이라도 움직이면 소리가 나니 우연하게라도 모방에 성공한다. 자동차를 굴리면 바퀴에서 소리가 나니까 아이가 무슨 일인가 보게 되고 자기도 한번 굴려본다. 이렇게 부분적으로든 전체적으로든 모방에 성공하면 이 기회를 놓치지 말고 열광적으로 아이에게 반응해준다(그렇다, 강화!). 그래야 엄마가 원하는 것이 무엇인지 아이가 이해하게 된다. 이것이 바로 모방 학습의 시작이다.

만일 아이가 스스로 모방하지 않으면 엄마가 아이 손을 잡고 동작을 연습시켜주자. 그런

모방을 가르치는 첫 단계

다음에도 잊지 말고 똑같이 즉시 강화해준다. 이것을 반복하다 보면 아이는 달콤한 강화의 맛을 알게 된다. 자신의 행동이 어떤 결과를 가져오는지 깨닫는 순간, 자기 힘으로 따라 하거나, 혹은 따라 하려고 노력할 것이다. 이런 노력이 느껴지면 조금씩 도움(촉구)의 손길을 줄인다. 혹은 촉구를 주기 전에 잠시(2~3초간) 기다리면서 혹시 혼자 힘으로 하려고 하는지 지켜보자. ABA에서는 이 '자발성'이 정말 중요하다. 만약 사물 모방을 할 때 딸랑이 한 개를 교대로 주고받으면서 모방을 가르치는 것이 불편하다면 똑같은 걸 두 개 준비하여 각자 하나씩 들고 사용하면 편리하다.

사물 모방을 가르칠 때 똑같은 딸랑이 두 개를 준비해서 사용하면 편리하다

신체 모방은 작은 동작부터

다음으로 신체 모방이 있다. 신체 모방은 엄마의 동작을 기억했다가 그대로 따라 해야 하므로 사물 모방보다는 조금 어려울 수 있다. **처음엔 따라 하기 쉽고 아이가 자기 동작을 볼 수 있는 동작으로 한다.** 예를 들어 손뼉을 치거나 빠이빠이 하는 동작, 책상을 두드리는 동작도 좋다. 빠이빠이는 모든 대상에 연습할 수 있는 동작이다. 처음에는 인형이나 동물 같은 대상에 빠이빠이를 시키면서 아이의 손을 잡아 흔드는 법을 가르치다가 점차 익숙해지면 주변에 있는 사람들을 보면서 손을 흔들도록 가르칠 수 있다.

큰 움직임의 동작이 익숙해지면 점점 더 세밀하고 작은 동작으로 넘어간다. 손가락을 와글거리거나 주먹을 쥐거나 검지손가락으로 반대편 손바닥을 꾹꾹 찌를 수도 있다. 조금 어려운 동작으로는 브이(V)를 그리거나 깍지를 끼는 동작도 있다. 생각해보면 도리도리, 잼잼, 곤지곤지 같은 전통 놀이가 얼마나 훌륭한 모방 학습이자 소근육 운동이었는지 다시 한번 감탄하게 된다.

가장 어려운 모방의 단계는 사물의 원래 용도가 아닌 동작을 모방하는 것, 한 번에 두 가지 동작을 모방하는 것, 여러 가지 다른 동작을 순차적으로 모방하는 것 등이다. 장난감 자동차를 책상 위에서 펄쩍펄쩍 뛰게 한다거나, 공으로 책상을 두

모방에서 가장 어려운 부분

드린다거나, 숟가락을 손에 들고 흔들거나, 빗으로 팔을 빗어보자.

이렇게 엉뚱한 동작을 모방하는 이유는 다음과 같다. 일상생활에서는 사물의 원래 용도대로만 사용하기에 모방 이전에 이미 아이가 그 동작에 익숙한 상태일 수 있다. 그럼 따라 하는 동작이 원래부터 할 줄 아는 동작인지, 아니면 모방에 의한 것인지 구별이 어렵다. 그래서 사물의 용도와 맞지 않는 동작을 모방하게 하면 아이가 의도적인 모방을 하는지 확인할 수도 있고, 평소와 다른 우스꽝스러운 모습에 관심을 보이도록 이끌 수도 있다.

어깨에 손을 대고 혀를 내미는 동작을 동시에 모방하게 한다. 또 손뼉을 친 다음에 책상을 두드리는 두 가지 동작을 순차적으로 따라 하게 하는 것은 아마도 모방에서 가장 어려운 부분일 것이다. 이런 과제를 할 때는 처음엔 아주 쉽고 간단한 동작부터 해야 한다. 이미 모방할 수 있는 동작을 조합해서 사용하면 좋다. 아이가 잘 해내면 점점 횟수를 늘려가거나 좀 더 복잡한 동작으로 넘어간다.

이렇게 복잡한 모방을 하면서 아이는 동시성과 순서의 개념을 배우게 된다. 나중에는 복잡한 심부름을 해내거나 여러 과제를 모두 완성할 수 있게 되고 자연스럽게 다른 영역의 학습 단계로 발전하게 된다.

공으로 책상 두드리기

엄마의 동작을 따라 한다

빗으로 팔 빗기기

엄마의 동작에 관심을 보인다

19. 시각적으로 가르치기

일반 아동의 경우 학습과 교육은 보통 언어를 통해 이루어진다. 지식을 전달하고 이해하는 것, 머릿속으로 유추하는 것 모두 언어 없이는 불가능하다. 그러나 자폐 아동은 의사소통이나 추론에 한계가 있어 언어를 통해 학습하기가 꽤 어렵다. 아이에게 뭔가를 가르치려고 해도 아이가 말귀를 못 알아듣고 잘 이해하지 못하는 것도 이런 이유다. 이럴 때 좋은 방법이 비언어적인 '시각적' 방법으로 가르치는 것이다.

자폐아를 흔히 '시각 학습자(visual learner)**'라고 한다.** 무슨 뜻일까? 대부분의 자폐 아동은 눈에 보이는 것으로 할 때 학습의 효과가 좋다. 자폐 아동은 사람의 말이나 지시에 관심이 없기도 하지만, 근본적으로 말과 지시는 연기처럼 사라지는 정보다. 반대로 눈에 보이는 정보는 집중하기도 좋고 재미도 있고 이해도 쉽다. 자폐 아동이 TV, 비디오, 스마트폰을 특히 좋아하는 이유도 여기에 있다.

심지어 자폐 아동 중에는 따로 가르쳐준 적도 없는데 한글을 읽는 경우도 있다. 글자나 숫자의 시각적 형태에 매력을 느끼는 탓이다. 대신 읽을 줄은 알지만 정작 그게 뭔지는 모를 때가 많다.

서로 다른 사물 중에 같은 것을 골라 하나의 상자에 넣게 하는 방법으로 '같다'와 '다르다'의 개념을 가르친다

시각을 활용하는 첫 단계

따라서 자폐 아동을 가르칠 때는 사진, 그림, 드로잉, 글자를 이용하여 가르치는 것이 굉장히 효과적이다. 새로운 것을 가르칠 때마다 어떻게 하면 이걸 시각적으로 가르칠 수 있을까를 고민하자. 시각을 활용하면 성공률이 높아진다.

시각을 활용하는 첫 단계는 눈과 손의 협응이다. 가장 간단한 것은 사물을 보고 손으로 집어서 통이나 상자, 바구니에 넣는 과제다. 아이가 상자나 바구니에 물건을 집어넣을 수 있는 수준이라면, 이제 적당한 크기의 똑같은 상자 두 개와 서로 다른 두 종류의 사물을 각각 여러 개 준비한다. 그리고 한 상자에 같은 종류의 사물만 넣게 한다. 예를 들어 한 상자에는 숟가락만 넣고, 다른 상자에는 테니스공만 넣는 식이다.

기억하자. 아이가 못 하면 도와주면 된다. 그리고 올바로 수행하는 즉시 강화한다. 시작 단계에서는 두 종류의 사물 성질이 뚜렷하게 달라야 성공 확률이 높다. 숟가락과 포크를 분류하는 것보다는 숟가락과 공을 분류하기가 더 쉽다. 크기, 색깔, 모양, 질감, 용도를 고려하자. 대신 같은 상자에 넣은 사물은 모두 완전히 똑같아야 한다. 아이는 눈으로 사물의 '동일성'을 배움과 동시에 다른 상자에 있는 사물은 '동일하지 않음 = 차별성'을 배운다.

이렇게 분류가 가능해지면 과제를 아주 조금씩 바꾼다. 예를 들면 숟가락과 테니스공을 분류하는 것에서 숟가락과 탁구공을 분류하는 식이다. 과제를 바꿀 때 사물의 성질을 한꺼번에 많이 바꾸면 안 된다. 한 번에 한 가지씩 바꿔준다. 이렇게 분류가 가능해지면 비로소 물건을 조금씩 비슷하게 준비한다. 숟가락과 포크를 분류하거나 숟가락과 젓가락을 분류하는 식이다.

이처럼 아이의 시각적 능력을 활용하여 분류하게 하는 목적은 아이에게 '같다'와 '다르다'의 개념을 가르치는 것이다. 일반 아이는 보통 언어를 통해 이걸 배운다. 아이에게 모든 사물이 서로 어떻게 같고 다른지 알려주면 나중에는 이것을 바탕으로 서로 다른 사물마다 서로 다른 이름이 있다는 것도 가르칠 수 있다. 바로 이 과정이 변별 학습의 기초가 된다.

아이에게 가방을 두 개 주자. 하나의 가방에는 똑같은 물건이 여러 개 들어 있고, 나머지 가방에는 서로 다른 물건만 들어 있으면 '같고 다르다'는 것을 시각적으로 확연하게 가르칠

퍼즐 과제

수 있다.

또 다른 분류 과제로 퍼즐이 있다. 가장 쉬운 퍼즐은 꼭지퍼즐(이런 형태를 인셋inset퍼즐이라고 한다)처럼 한 구멍에 딱 한 조각만 맞추는 형태다. 소근육이 발달하면 꼭지가 없는 퍼즐을 사용하고, 더 발전하면 직소퍼즐(jigsaw puzzle, 서로 다른 모양으로 불규칙하게 잘려 있는 조각들을 바른 자리에 끼워 맞추면 하나의 그림이 완성되는 퍼즐)로 넘어간다. 기억하자. 갑자기 너무 어려워지면 안 된다. 직소퍼즐도 처음에는 두 조각으로 시작했다가 아이의 발달에 따라 세 조각, 네 조각 식으로 점차 발전해야 한다. 꼭지퍼즐을 잘한다고 갑자기 100조각짜리 직소퍼즐로 넘어가서는 안 된다.

이제 가장 어려운 시각 기술인 '똑같은 것끼리 맞추기'다. ABA에서는 이 과제를 샘플 매칭(MTS, matching to sample)이라고 부른다. 시행 방법은 이렇다. 책상 위에 숟가락과 테니스공을 올려놓는다. 이제 아이를 주목시킨 뒤 아이에게 또 하나의 숟가락을 아이 눈높이에서 건네준다. 아이가 숟가락을 건네받은 뒤 책상 위를 살펴보다가 똑같은 숟가락 옆이나 위에 갖다 놓으면 샘플 매칭을 성공한 것이다.

샘플 매칭의 또 다른 방법으로는, 책상 위에 숟가락과 테니스공을 놓은 상태에서 또 하나의 숟

샘플 매칭 과제

가락(또는 테니스공)을 아이에게 보여준 뒤 테이블에서 같은 물건을 집어 건네도록 하는 방법도 있다. 방식은 좀 다르지만 원리는 동일하다.

아이가 스스로 성공하면 강화해주자. 만일 아이가 잘 이해하지 못하는 것 같으면 촉구하여 성공시킨 뒤 강화한다. 몇 번을 반복해서 시도하면 아이가 눈치를 채고 잘 해낼 것이다.

처음에 숟가락과 테니스공의 예를 든 것은 입체 형태의 사물이 샘플 매칭에 가장 쉬운 아이템이기 때문이다. 또 샘플 매칭을 처음 시작할 때는 같은 것끼리 올려놓았을 때 위아래로 겹쳐지는 아이템이 좋다. 컵, 접시, 숟가락 같은 것들이다.

초기 사물 매칭을 잘 해내면 조금씩 과제를 어렵게 한다. 사물보다는 사진이, 사진보다는 그림이, 그림보다는 기호나 상징이 더 추상적이기 때문에 점점 레벨이 높아진다. 실제로 샘플 매칭이 단순한 분류보다 어려운 것은, 분류에서처럼 상자에 물건을 구분해서 넣는 방식이 아니어서 시각적으로 좀 더 모호해지기 때문이다.

일상생활 속에서도 샘플 매칭을 가르칠 기회는 많다. 빨래 더미 속에서 같은 짝의 양말을 골라내는 일, 밥 먹을 때 수저통에서 똑같은 젓가락 두 짝을 골라내는 일, 신발을 신을 때 같은 모양의 신발 두 짝을 신는 일 등이다.

> 더 알아봅시다

ABA 교육 시 준비할 것들

이 책에서 소개하는 ABA 실천 포인트 대부분은 때와 장소에 상관없이 생활 속에서 직접 실천해볼 수 있다. 하지만 '18. 모방하기 가르치기'와 '19. 시각적으로 가르치기'는 아무래도 책상과 의자가 갖춰진 공간에서 진행하는 것이 효과적이다. 그래서 이처럼 구조적인 학습을 진행해야 할 때 필요한 것들을 정리해보았다.

> 교육 장소(집 안)

- **지정된 장소를 준비한다.** 교육에 집중할 수 있으려면 어수선하지 않으면서 조용한 곳이 좋다. 반드시 어떤 장소라고 정해진 것은 없으므로 가정마다 형편에 따라 방이든 거실의 한구석이든 지정된 장소를 학습 공간으로 만든다. 다만 지정된 장소라는 의미를 주기 위해 바닥에 얇은 매트나 카펫을 깔면 더욱 좋다. 이때 매트는 아이의 시선을 뺏지 않는, 무늬 없는 것으로 한다. (반대로 놀이 공간에 매트를 깔아두어도 같은 원리로 작용한다.)
- **아이의 시선에서 바라볼 때 방해 요소가 없도록 한다.** 아이의 집중을 위해서다. 집 안 곳곳의 사물들은 아이의 집중을 흐트러뜨린다. 손쉬운 방법 중 하나는 접이식 매트를 세우거나 커튼을 달아서 벽을 만드는 것이다. 사방을 모두 막을 필요는 없고 아이의 눈에 TV나 장난감, 시계 같은 것들이 들어오지 않게 차단하면 된다.

학습 시 자리 배치

- **아이와 부모가 마주 앉는다.** 이때 특히 신경 써야 할 것은 부모의 뒤쪽 배경이다. 이 배경이 단순해야 아이 눈이 상대방에게 집중하기 때문이다. 배경을 단순하게 만드는 쉬운 방법은 부모가 벽을 등지고 앉는 것이다. 그런데 실제로 많은 분이 아이를 벽에 몰아놓고 의자에 앉히는 방법을 선호한다. 아이가 자꾸 자리를 이탈하기 때문이다. 이런 배치는 아이 시선에서 부모의 등 뒤로 보이는 것이 너무 많다. 이럴 때는 앞에서 설명한 것처럼 매트나 커튼으로 시야를 막아 아이의 시선이 분산되지 않게 한다.

- **아이가 자리를 이탈하면 책상을 빼고 의자에 마주 앉는다.** 책상을 사이에 두고 마주 앉은 상태에서 아이가 자리를 이탈하면 아이를 붙잡느라 교육을 진행하지 못할 때가 많다. 이런 경우에는 책상을 빼고 의자에 마주 앉은 채 수업한다. 이때 책상은 90도로 돌려 부모와 아이가 앉아 있는 옆에 둔다. 아이가 책상을 사용할 때는 아이 의자를 90도로 돌려 책상을 향하게 하고, 책상 사용이 끝나면 다시 아이를 마주 앉힌다.

- **익숙해지면 책상을 벽에 붙이고 아이와 나란히 앉는다.** 책상 없이 의자를 마주하고 앉는 것이 익숙해지면 다음으로는 책상을 벽에 붙이고 아이와 나란히 앉아 교육한다. 다만 이 방법은 아이와의 눈맞춤이 원활하지 않다는 단점이 있다. 그럴 때는 책상 모서리를 사이에 두고 부모와 아이가 90도로 앉아 책상을 사용해본다. 이때도 아이의 시선 정면에는 방해 요소가 없이 단순해야 한다.

학습 교구

- **교육은 책상 위에서 하는 것을 권한다.** 보통 유아용·아동용 책상을 사용하는데, 책상 판이 너무 좁지 않으면 좋겠다. 교육 외에도 장난감 같은 강화물을 갖고 놀 수 있는 공간이어야 하기 때문이다. 책상 높이는 일반적으로 아이가 앉아서 팔을 내렸을 때 팔꿈치가 상판에 닿으면 된다.

- **부모는 아이와 눈맞춤이 가능한 높이에 앉는다.** 부모의 의자 높이도 신경을 쓸 필요가 있다. 부모와 아이가 같은 사이즈의 의자에 앉으면 아이 입장에서는 부모를 올려다보아야 하므로 눈맞춤이 쉽지 않다. 가능하면 부모는 낮은 의자에 앉거나 아예 바닥에 앉는 것이 좋다.

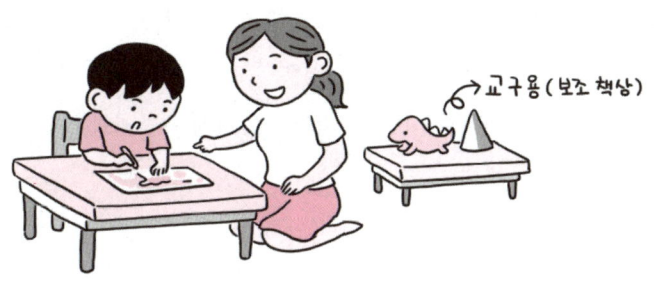

- **부모 옆에 보조 책상을 하나 둔다.** 강화물과 교구를 여기 올려두고 활용할 수 있다. 강화물은 박스를 하나 준비해서 담아 관리하는 것이 좋다. 이때 아이 손이 닿지 않도록 주의한다. 물론 보조 책상이 없으면 그냥 바닥에 놓아도 무방하다.

학습 도구

① 모방

- **사물 모방에 필요한 물건들을 미리 바구니에 담아 준비한다.** 신체 모방은 별다른 준비물이 없지만 사물 모방은 모방에 필요한 물건들을 미리 준비해두어야 한다. 강화물과 마찬가지로 별도의 바구니를 준비해서 물건을 담아서 관리하면 좋다.
- **주의할 점은 교육 시간 중에 아이 책상 위에는** 학습 도구와 강화물을 제외하고는 아무것도 없어야 한다는 점이다. 또 아이가 사물 모방에 성공하면 사용한 아이템을 즉시 책상에서 치우고 강화물을 제공한다. 과제와 강화물이 동시에 책상 위에 있으면 아이가 혼란스러워한다. 이 원칙은 어떤 과제를 시행하더라도 동일하게 적용된다.

② 분류 – 눈과 손의 협응

- **굳이 책상이 필요 없다.** 이 과제는 반드시 책상에서만 수행할 필요는 없다. 놀이하다가 바

구니나 상자에 물건을 넣는 것도 괜찮다. 부모가 사물을 넣으라고 건네주면 아이가 이를 받아서 넣는 게 가능하면 된다.

- **만일 이 과제를 책상 위에서 시행한다면** 책상 판의 크기를 고려하여 너무 큰 물건을 고르지 않도록 한다. 앞서 예를 든 숟가락과 테니스공과 같은 아이템 크기면 충분하다.
- **상자는 가능하면 투명/반투명한 것이 좋다.** 아이가 그 안에 뭔가가 들어갔다는 것을 인지할 수 있기 때문이다.

③ 퍼즐

- **아이의 수준에 맞는 퍼즐을 사용한다.** 인셋퍼즐, 직소퍼즐은 집에 있는 것들을 이용하면 된다. 만일 새로 구매해야 한다면 아이의 수준에 맞는 것을 구매한다.
- **인셋퍼즐은 손잡이 꼭지가 있는 것에서 없는 것으로**, 단순한 도형에서 복잡한 모양(동물, 과일 등)으로, 한두 조각에서 여러 조각으로 진행하는 것이 순서다.
- **인셋퍼즐이 쉽고 직소퍼즐은 좀 더 어렵다.** 인셋퍼즐을 못 하는데 직소퍼즐부터 시작하는 것은 무리다. 직소퍼즐 역시 처음에는 두세 조각에서 점차 여러 조각으로 진행한다.

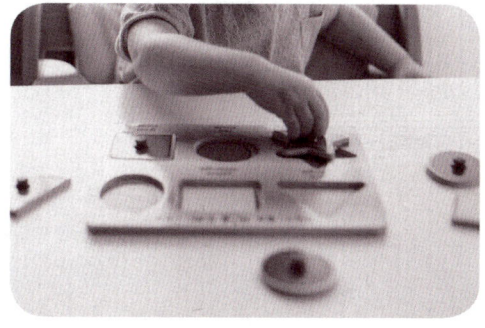

인셋퍼즐

직소퍼즐

④ 샘플 매칭

- **샘플 매칭에 쓰는 사물은** 앞에서 모방이나 분류 과제에서 사용하던 것을 써도 좋고, 좀 더 다양한 매칭을 시도해보고 싶다면 집 안 사물들을 활용하는 것도 좋다. 집 안 사물은 아이에게 시각적으로 익숙할 뿐만 아니라 나중에 이 물건들을 말로 가르칠 때 다시 활용할 수 있다. 예를 들면 수저, 포크, 양말, 접시, 컵, 공, 블록, 연필, 휴지, 풍선, 칫솔, 신발, 모자, 기저귀 같은 다양한 사물을 샘플 매칭에 활용할 수 있다.
- **사진이나 그림을 샘플 매칭할 때는** 시중의 똑같은 낱말카드를 두 벌 구매한다. 저절로 똑같은 카드가 두 장씩 생기는 셈이다. 시각적 변별이 어려운 아이라면 그림보다는 사진으로 된 카드가 좋고, 같은 사진이라도 배경 없이 단순할수록 변별하기 편리하다.

- **샘플 매칭이 익숙해지면 이제 다른 브랜드의 낱말카드를 하나 더 구매한다.** 낱말카드 종류가 다르면 동일한 물건(예. 바나나)의 사진·그림도 달라지기 때문이다(예. 바나나 한 개와 바나나 한 송이). 이렇게 동일한 사물의 유사한 카드끼리 샘플 매칭을 시도한다.
- **이를 통해 아이는 같고 다르다는 것이** 사실은 추상적인 개념에 속한다는 것을 배울 수 있게 된다. 아이의 수준이 향상되면 점차 사진에서 그림으로, 그림에서 기호나 도형과 같은 형태로 넘어간다.

- **카드의 크기도 고려한다.** 초반에는 크기가 큰 것이 식별하기도 좋고 집어 들어 건네주기도 편하다. 처음에는 어른 손바닥 정도의 크기로 시작하면 좋다. 아이 수준이 향상되면 점차 신용카드 정도 크기의 작은 카드를 사용한다.
- **아이가 샘플 매칭에 능숙해질수록** 시중에 파는 낱말카드에는 한계가 있을 수 있다. 그럴 때는 인터넷 등을 활용해 직접 카드를 만들어 사용한다. 이렇게 구매하거나 직접 만든 카드는 나중에 말을 가르칠 때 다시 유용하게 활용할 수 있으니 버리지 않고 간수한다.

20. 성공 경험으로 가르치기

'시행착오(trial and error)'라는 학습 방법이 있다. 실패를 무릅쓰고 여러 가지 방법을 시도해보면서 더 좋은 방법을 찾아가는 과정으로, 자신의 행동으로 인해 발생하는 결과를 통해 인과관계를 추론하며 학습하는 방법이다. 인간은 다양한 실수를 통해 교훈을 얻는다. 심지어 성공을 거두려면 계획을 잘 세우는 것보다 시행착오를 겪는 것이 더 낫다는 말도 있다.

이 시행착오의 방법은 인과관계에 대한 추론 능력이 부족한 자폐 아동의 학습에는 적합하지 않다. 시행착오를 거쳐 더 나은 방법을 찾기보다는 끊임없이 실패를 거듭하게 될 가능성이 크다. 다시 말하면 '실패를 반복해서 연습'하는 것이다. 그러므로 아이가 실패하는 것을 그대로 지켜보면서 언젠간 아이가 해낼 것이라고 기다리지 말 것을 권유한다. **느린 아이들이 효과적으로 학습하는 방법은 오히려 반복해서 성공을 경험하는 것이다.**

같은 맥락에서 아이에게 뭔가를 가르칠 때는 실수나 오답을 교정하는 일은 자제한다. 아이가 뭔가를 틀렸을 때 이를 바로잡는 것보다는 틀리기 전에 미리 도움을 주어 성공을 유도하는 것이다. 물론 미처 도와줄 새도 없이 아이가 먼저 뭔가를 실패할 수도 있다. 그럴 때도 "아니야", "틀렸어, 다시"와 같은 말과 함께 교정하려고 시도하지 않는다. 아이가 실패한 부분에 대해 무엇이 정답인지를 보여주고(시범), 아이가 성공할 수 있게 도와준 뒤(촉구) 그 성공에 대해 기뻐하며 칭찬하고 강화해준다.

아이가 도움에 익숙해져서 의존도가 생기면 어떻게 해야 하는가? 이렇게 질문하는 분이 있다. 맞는 말이다. 만약 계속해서 도움을 제공하면 아이는 스스로 뭔가를 하지 않으려 할 것이다. 그러므로 아이가 익숙하게 성공하는 시점부터 도움의 손길을 조금씩 줄여야 한다. 한꺼번에 모든 도움을 철회하는 것이 아니다. 이 역시 점진적으로 조금씩 줄여간다.

한 가지 방법은 도움 주는 타이밍을 살짝 늦춰보는 것이다. 지금까지는 아이가 성공할 수 있도록 엄마가 곧장 도움을 주고, 이어서 즉각적으로 강화하였다. 그런데 이제 도움의 손길

스스로 하도록 도움 줄이는 방법

을 아주 잠깐 늦추는 것이다. 예를 들어 계속 도움을 주던 엄마가 갑자기 멈칫하면서 도움을 주지 않고 망설여보자(1~2초의 아주 짧은 시간이다). 강화물의 유혹에 빠져 강화를 기다리던 아이는 얼떨결에 엄마의 도움이 없는데도 스스로 성공을 거둘 수도 있다. 물론 이때도 강화를 잊어서는 안 된다. 오히려 도움 없이 스스로 성공을 거두었으므로 평소보다 훨씬 강도를 높여서 강화해주는 것이 좋다.

모방할 때 처음에 아이의 두 손을 잡아 도움을 주었다면 이번에는 아이의 손목을 살짝 잡아서 도움을 준다. 익숙해지면 다시 팔꿈치만 잡아주고, 그다음에는 다시 어깨를 슬쩍 건드려주기만 하고, 그다음에는 손가락으로 신호를 주는 정도로 계속 도움을 줄여나간다.

부모가 도움의 손길을 줄이는데도 아이가 스스로 해내려고 애쓰는 배경에는, 성공 다음에 주어지는 달콤한 강화가 있다는 것을 잊으면 안 된다. 어떤 방법이든 도움의 손길을 줄이는 궁극적인 목표는 아이가 혼자 힘으로도 잘할 수 있도록 하는 것이다. 그러기까지는 인내심 있게 성공을 경험시키는 것이 아이들의 학습에 매우 중요하다.

143

자폐 연구 프로그램, TEACCH

TEACCH('티치'라고 읽는다)는 Treatment and Education of Autistic and Related Communication Handicapped Children(자폐 및 의사소통 장애 아동을 위한 치료와 교육)의 약자로 자폐 연구 프로그램이다. 노스캐롤라이나 대학교의 에릭 쇼플러(Eric Schopler)에 의해 1970년대 개발되었다.

그 이전까지 미국에서는 프로이트의 정신분석 이론에 근거하여 자폐를 정서장애로 간주하고 특히 부모의 잘못된 양육을 원인으로 삼았는데, 에릭 쇼플러는 자신의 임상 경험을 바탕으로 그 의견은 잘못되었으며, '자폐는 세상을 경험하고 이해하는 방식이 손상된 탓'이라고 생각하였다.

쇼플러는 국립정신건강연구소(NIMH, National Institutes of Mental Health)로부터 자금을 지원받아 1966년부터 연구를 하였다. 연구 결과 "자폐란 감각 정보 전달 과정에서 발생한 장애로 자폐인은 기억력, 주의력, 통합사고력 등에서 차이가 있어 일반인처럼 주변 상황이나 사건을 이해할 수 없다. 하지만 시각적 정보에 매우 민감한 강점이 있으므로 이를 활용하여 효과적으로 교육할 수 있다"라고 결론을 내렸다.

이러한 자폐인의 시각적 사고를 활용하는 방법으로 물리적 환경을 구조화하고 그림이나 사진으로 각종 지시나 스케줄을 알려주는 등의 전략을 제시한 프로그램이 바로 1972년 발표된 TEACCH다. 현재 TEACCH는 미국 내 여러 주에 도입되어 지역 센터, 유치원, 그룹 홈, 공립학교 등에서 공식적인 프로그램으로 실행되고 있다.

작업 체계(work system)

작업 체계는 공부나 작업을 할 때 누가, 어디서, 무슨 일을 얼마나 해야 하는지를 알려주는 좋은 방법의 하나로, 위 그림과 같이 눈으로 보고 이해할 수 있도록 구조를 만들어주는 것이다. 이처럼 눈으로 보고 직관적으로 알기 쉽게 만드는 것을 '구조화'라고 한다. 그림에서는 책상 공간이 '어디서'에 대한 정보를, 책상 앞 이름 카드가 '누가'에 대한 정보를, 왼쪽에 미리 준비된 과제가 '무슨 일을 얼마나'에 대한 정보를 자연스럽게 전해준다.

시각적 지원(visual support)

아래 사진은 장보기 물품을 시각적으로 표시한 도구다. 마트에서 사려는 물품을 카드로 만들어 판에 붙여 가져간다. 마트에서 물품을 카트에 넣을 때마다 해당 카드도 판에서 떼어 봉투(카트가 그려진)에 담는다. 판 위에 있던 모든 카드가 봉투에 담기면서 쇼핑이 종료된다.

[마트에서 사려는 물품을 알려줌]

시각 스케줄

일과 또는 일의 순서를 말로만 지시하지 않고 눈으로 볼 수 있도록 시각적 스케줄을 만들어 제시하면 이해하기도 쉽고 잊어버리지도 않을 수 있다.

[해야 할 일의 선후 관계를 알려줌]

[등교 전 할 일을 순서대로 알려줌]

이처럼 자폐 아동은 청각 자극보다 시각 자극에 훨씬 민감하므로 이를 잘 활용하여 교육하는 것이 매우 유용하다. '종이에 쓰면 듣는 귀가 생긴다'라는 재미있는 표현을 본 적이 있다. 똑같은 지시를 내릴 때도 말로만 하는 것보다 그림이나 글씨로 보여주는 것이 더 효과적이라는 의미다.

TEACCH의 가르침은 다른 교육 분야에도 널리 알려지고 전파되어, 지금은 ABA를 포함한 거의 모든 자폐 관련 프로그램에서 이 원리를 많이 활용하고 있다.

말은 욕구를 표현하는 수단이고,
사회적 상호작용의 도구이며,
사고방식을 형성하는 체계다

CHAPTER 3

아이와 의사소통하는 방법

언어, 활동, 역할 확장하기

부모들이 아이의 이상을 발견하거나 의심하게 되는 대부분의 경우는 '아이가 때가 되었는데도 말을 못 해서'다. 그래서 부모는 아직 옹알이조차 보이지 않는 아이에게 수없이 질문하고 말을 따라 해보라고 재촉하면서 서둘러 언어치료를 시작한다. 그리고 아이가 말만 하면 많은 부분이 자연스럽게 해소될 것이라고 믿는다. 과연 그럴까?

언어와 인지 능력 중 무엇이 선행되어야 하는지에 대한 논란은 있다. 하지만 적어도 언어와 인지 능력은 불가분의 관계이며 상호보완 관계 속에서 함께 발전한다는 점은 많은 이론가가 동의하고 있다. 따라서 인지 능력이나 사회성을 배제한 채 말만 억지로 틔운다고 해서 자연스럽게 다른 부분까지 해결되지는 않는다.

앞에서도 언급했듯이 말을 가르치기에 앞서 놀이, 모방, 분류, 매칭과 같은 학습을 먼저 시행한 것이 바로 그러한 이유다. 또 사람에게 관심을 두고 접근하는 상호성이 말을 하고 알아듣는 것만큼이나 중요하다고 강조한 이유이기도 하다.

언어 학습에 중요한 것은 '말(구어)'이라기보다는 '의사소통' 능력이다. 말은 신체 기관을 이용해 목소리를 만들어내는 행동이지만, 의사소통은 말 이외에도 다양한 방법을 통해 자신의 의사를 표현하고 타인과 교류하는 것을 포함한다. 멀리 떨어진 사람과 제스처로 인사를 나누는 것, 그림과 기호로 안내하는 것, 필담을 통해 얘기를 나누는 것, 농인들이 수어를 사용하는 것 모두 말 이외의 방법을 사용하여 의사소통하는 방법이다.

속도는 느릴망정, 자폐 아동도 어떤 형태로든 말을 배운다. 시기적으로 빠르고 늦을 수는 있고, 어휘 수준이나 유창성에서도 아이마다 차이가 크지만, 어쨌거나 자폐 아동도 어떻게든 말을 배우고 말을 하게 된다.

그러나 그 말이라는 것이 온전히 상대방과의 의사소통에 활용되고 있는가에는 물음표가 달린다. 사과를 보고 "사과"라고 말하도록 애써 가르쳤는데도 정작 사과를 먹고 싶을 때는 말로 표현을 못 하고 엄마 손을 잡고 냉장고로 끌고 가는 아이도 있다. 또 말을 유창하게 하지만 서로 주고받는 대화가 아니라 아폴로 13호의 기본 사양을 설명하거나 2019년 1월 31일이 무슨 요일인지처럼 자신의 관심사에 관련된 것만 일방적으로 쏟아놓는 아이도 있다.

  물론 언어가 인간의 학습, 지능, 사회성에 아주 중요한 역할을 수행하므로 실제로 말을 할 줄 알고 글자를 읽을 줄 아는 아이의 사고력이 그렇지 못한 아이에 비해 더 넓고 깊은 것은 사실이다. 하지만 '말' 만큼이나 중요한 것은 자신의 의사를 표현할 수 있는 의사소통 수단으로서 '말'을 갖고 있느냐다.

  말은 단순히 조음기관을 움직여 내는 목소리만을 말하지 않는다. 욕구를 표현하는 수단이고, 사회적 상호작용의 도구이며, 사고방식을 형성하는 체계다.

이번 챕터에서는 아이가 어떻게 '말'을 할 수 있을지를 설명한다. 특히 말을 틔우고 목소리를 내는 '발화'와 '조음'보다는 말을 상호성의 수단으로 만드는 방법을 설명하였다. 즉 단순한 '말'보다는 '언어'나 '의사소통'에 집중하였다. 그리고 앞에서와 마찬가지로 요구, 동기, 상호성, 강화, 자발성 등을 강조하였다.

  한편, 여기서 다루는 원리 역시 앞의 내용과 크게 다르지 않다. 이 챕터를 읽고 나면 말을 가르치고 확장하는 방법도 결국 앞의 파트와 챕터에서 사용한 원리와 같다는 것을 알게 될 것이다.

21. 모든 단어 중계방송하기

말귀를 알아듣도록 가르치기에 앞서 장난감 놀이, 모방, 분류, 매칭 등을 학습하는 것은 이 모든 영역이 서로 연관되어 있기 때문이다. 놀이 기술이 발달하면 사회성이 늘어나고 모방을 가르치다 보면 인지 개념이 향상되는 원리다. 분류와 매칭을 가르치는 일도 결국은 언어 발달과 연결되어 있다.

이제 말귀를 알아듣게 가르칠 차례다. 처음에는 눈으로만 보고 분류와 매칭을 하였다. 아이가 이 과제를 안정적으로 수행하면 다음은 **아이가 상자에 물건을 넣을 때마다 물건의 이름을 불러준다. 아이에게 그 사물이나 그림의 이름을 수없이 반복해서 얘기해주는 것은 아이의 수용언어 발달에 도움이 된다.** 아이가 숟가락과 테니스공을 상자에 넣을 때마다 옆에서 "숟가락", "공"이라고 말해주자. 아이에게 가르치고 싶은 단어를 가능하면 단순하게 반복한다. "테니스공"이라고 하면 너무 구체적이고 발음도 길다. 그냥 "공"이라고 해도 충분하다.

아이가 관심 가지는 물건이나 현재 하는 행동이 있다면 그 자리에서 바로 그 물건의 이름이 무엇인지, 그 동작이 어떤 동작인지를 중계방송해준다. 언어는 과거나 미래가 아니라 현재를 기준으로 발달한다. 그러므로 그 자리에서 즉시 중계방송하는 것이 중요하다. 보고 만지는 물건의 이름을 반복해서 듣다 보면 이 말들이 아이의 머릿속에 남아서 다른 환경에서도 이름을 듣고 그 사물이 무엇인지 이해할 수 있게 된다.

굳이 명사나 동사가 아니어도 된다. 커다란 물건을 보고 "크~~다"고 하거나, 아이가 계단을 오르내리면 "위로 위로", "아래로 아래로" 하는 식으로 어떻게든 묘사해본다. "데굴데굴", "깡충깡충", "동글동글" 하는 식의 의성어나 의태어도 상관없다. 잊지 말자. 이때도 과장된 표정과 몸짓, 그리고 높은 톤의 커다란 목소리는 필수다.

엄마가 하는 말을 알아듣고 엄마의 지시를 이해하는 능력을 언어재활에서는 '수용언어'라고 부른다. 반대로 자신의 의사를 말로 나타내는 것은 '표현언어'라고 부른다. 아이가 말귀를 알아듣는다고 해서 표현언어가 저절로 발달하는 것은 아니다. 아이들의 발달 단계는 반드시

관심 갖는 물건 이름 부르기

정해진 순서에 따르지 않는다. 아이마다 차이가 있다. 그래서 말을 할 줄 아는데 말귀는 어두운 아이도 있고, 수용언어 수준은 굉장히 높은데도 막상 자신의 의사는 잘 표현할 수 없어서 아이도 어른도 서로 답답하고 안타까워할 수도 있다. 그럴 때는 이렇게 하자.

아이가 가장 잘하고 흥미 있어 하는 부분에 집중한다. 아이가 먹는 걸 좋아하면 음식 이름에 집중하고, 놀이를 좋아하면 놀이 중에 등장하는 단어를 중계방송한다. 아이가 흥미를 갖는 것이 아이의 약한 언어 부분의 발달에 도움을 줄 것이다. 모든 발달 영역은 서로 연관이 되어 있다는 걸 기억하자.

> **잠깐! TIP**
>
> ### 단어 중계할 때 유의 사항
>
> 만일 아이의 수용언어 수준이 현저히 낮다면 모든 단어를 중계하기보다는 한 번에 서너 개만 집중적으로 반복하는 것이 낫다. 이때 단어는 일상에서 흔히 접하는 것부터 한다. '코끼리', '소방차', '배추' 보다는 '물', '기저귀', '신발' 같은 단어가 평상시 아이에게 노출될 확률이 훨씬 높다. 이후에는 아이의 학습 속도에 맞춰 단어를 조금씩 늘려간다.

22. 짧게 반복해서 말하기

아이에게 말을 가르칠 때는 단순한 말을 반복해서 들려준다. 중계방송이 길고 장황하면 아이가 이해하기 어렵다. **짧고 문법적으로 간단한 문장으로 말하는 것이 아이가 언어를 이해하는 데 더 유리하다.** 예를 들어 "이게 과자야" 같은 긴 문장보다는 "과자"라는 단순한 단어가 좋다. 아이가 과자를 원할 때, 과자를 손에 쥔 채 과자를 포인팅하면서 "과자"라는 말을 반복해서 많이 들려준다. "아빠가 지금 막 집에 오셨네~"라고 말하는 것보다는 "아빠, 집~" 이라고 말하는 것이 이해하기 쉽다.

조사나 어미를 빼고 말하면 아이의 언어 습득에 문제가 생기는 것이 아닌가 걱정할 수 있지만, 실제로는 그렇지 않다. 오히려 '아빠', '집'을 이해하게 되면 '엄마', '학교' 같은 다른 단어나 조금 더 복잡한 문장을 이해하는 것이 가능하다. 복잡한 내용은 줄이고 최대한 간단하고 명료하게 한다. 아이가 아직 한 단어도 구별하여 이해하는 것이 힘든데 여러 단어가 들어간 긴 문장으로 말하면 안 된다.

23. 단어와 단어 덧붙이기

엄마가 하는 말을 아이가 조금씩 이해하기 시작하면 이제 여기에 다른 단어나 말을 덧붙이거나 교체하면서 가르친다. 부모 마음은 항상 새로운 단어를 가르치고 싶겠지만, 우선은 **같은 단어를 상황에 따라 다르게 사용하면서 반복하는 것이 좋다.**

아이가 '컵'이라는 단어를 이해했다면 이제 '우유컵', '아빠 컵', '컵에 우유', '컵으로 마셔'와 같이 아는 단어를 중심으로 부가적인 정보를 붙여 확장한다. '아빠'라는 단어를 이해하게 된 아이에게 아빠가 집에 돌아오면 "아빠, 집~"이라고 말해주고, 이것을 이해하게 되면 다시 "아빠, 왔어"라고 얘기해줄 수 있다.

'아빠, 왔어'라는 표현은 창밖의 새를 보면서 "새, 왔어"라는 식으로 활용할 수 있고, '새'를 기준으로 "새, 노래해"라는 새로운 표현을 알려줬다면 다음에는 아빠 노랫소리가 들릴 때 "아빠, 노래해"라는 표현을 들려줄 수 있다.

'컵'이라는 단어를 이해하면 다음은 '우유컵', '아빠 컵', '컵에 우유', '컵으로 마셔' 등 아는 단어를 붙여서 확장한다

> **더 알아봅시다**

단어와 단어 덧붙이기 요령

아이가 말을 조금씩 이해하기 시작하면, 이제 단어를 추가하거나 교체하면서 확장할 수 있다. 아이에게 "이게 뭐야?"라고 직접적으로 묻기보다는 아래와 같은 방법으로 말 덧붙이기를 실천해보자.

1. 사물 이름을 말한다

2. 사물을 묘사한다 (팔을 벌리면 더 좋다)

3. 동작을 설명한다

4. 소리를 덧붙인다

5. 기능을 덧붙인다

6. 대명사를 덧붙인다 (가슴을 향해 포인팅하면 좋다)

7. 수량을 덧붙인다

8. 칭찬을 덧붙인다

9. 놀이를 덧붙인다

10. 사물의 특성을 말한다

24. 지시 따르기 가르치기

비록 아이가 아직 말을 하지 못하더라도 말이란 생각이나 정보를 교환하는 도구라는 것을 알려줄 수 있다. 자기가 들은 말을 바탕으로 상대방의 의도를 알아차리고 여기에 반응할 수 있게 가르치는 것이다.

대표적인 예가 지시 따르기다. 혹시 지시 따르기를 가르치기 위해 끊임없이 아이에게 명령을 내리고 있지는 않은가? 아이에게 반복적인 질문을 삼가야 하는 것처럼 지시나 명령을 반복하는 것도 주의해야 한다. 아이가 잘 알아듣지 못하는 것 같아서 자꾸 같은 지시를 반복하다 보면 아이뿐만 아니라 부모도 점점 짜증이 날지도 모른다. 똑같은 말을 몇 번이고 반복할수록 아이의 반응은 오히려 더 무뎌진다.

초기에는 지시나 요구를 말로만 하지 말고 제스처나 행동을 덧붙이는 것이 좋다. 예를 들어 아이에게 숟가락을 달라는 의미로 "숟가락" 또는 "숟가락 줘"라는 말을 했다면, 그와 동시에 두 손을 벌린 채 내밀면서 아이가 이 제스처를 주목하게 한다. 이때 벌린 두 손은 촉구가 된다. 그래서 "숟가락"이라는 말의 의도가 숟가락을 달라는 의미임을 알게 한다. 만약 아이가 숟가락을 건네주지 않으면 아이 손을 잡고 숟가락을 건네주도록 좀 더 직접적으로 촉구한다. 상대방의 의도를 행동으로 알려주는 것은 단어의 뜻만 이해시키는 것보다 더 중요한 일이다. 이때 지시어는 간단하고 명료해야 한다. 또한 아이가 성공했을 때 바로 강화하는 것을 잊지 말자.

단, 여기서 주의할 사항이 있다. 일단 지시를 내렸으면 아이가 반드시 지시를 이행하도록 해야 한다. 아이가 안 한다고, 또는 아이가 못 한다고 해서 그냥 넘어가면 안 된다. 이것이 반복되면 아이에게 지시를 무시해도 된다는 신호가 될 수 있다.

아이가 부모의 말을 100퍼센트 이해했다고 생각하지 말자. 어쩌면 목소리 톤이나 전체 문장 중 한 단어만을 듣고 짐작으로 지시를 수행할 수도 있다. 간혹 시각적인 힌트나 익숙한 일상 덕분인 경우도 있으므로 때때로 확인해볼 필요가 있다.

반복적인 지시나 명령은 NO

예를 들어 외투를 꺼내면서 "나가자"라고 했을 때 아이는 엄마의 지시보다는 외투를 보고 외출한다는 사실을 알 수도 있고, "신발"이라는 말을 하지 않더라도 외출할 때 당연히 신발을 신는 모습을 보고 알 수도 있다. 그렇게 되면 똑같은 말이라도 전혀 다른 상황에서는 이해하지 못하고 수행하지 못할 수 있다. 예를 들면 자동차 안에서 외투 없이 "나가자" 하는 행동이다. 물론 시각적인 힌트를 활용하는 것이 틀렸다는 것은 절대 아니다(자폐 아동의 강점이다). 다만 이것이 지금 가르치고자 하는 목표가 아니라는 것이다.

[3단계 지시 따르기]

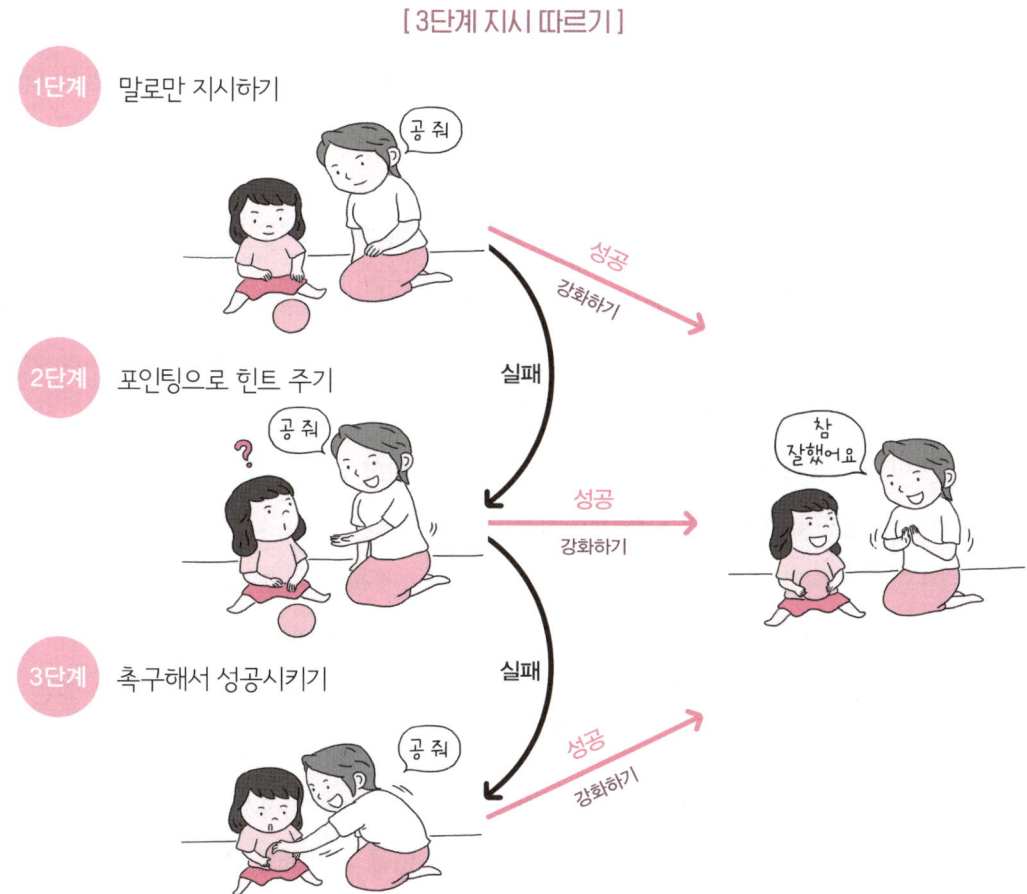

25. 적절한 요구 방법 알려주기

의사 표현 형태 중 가장 기본적인 것은 '요구하기'다. 뭔가 원하는 것이 있거나 싫은 일이 있을 때 우리는 타인에게 이를 알리기 위해 표현한다. 표현 방식이 반드시 직접적인 '말'을 뜻하지는 않는다. 아기를 예로 들어보자. 아기는 말은 못 하지만 가장 기초적인 표현 방식인 '울음'만으로도 충분히 자신의 요구를 표현한다. 배가 고프면 젖을 달라고, 기저귀가 젖으면 불편하다고, 졸리거나 덥거나 춥다고 운다. 그럼 엄마는 즉각 반응하여 아이가 원하는 것이 무엇인지 신중하게 판단하고 그에 합당한 조치를 한다.

아기는 자라면서 근육이 발달하고 움직임이 원활해진다. 기고 걸을 수 있게 되면서 활동 영역이 넓어지고, 가족 이외 타인이나 낯선 풍경, 낯선 음식 등을 끊임없이 새로 경험하면서 특정한 것에 대한 요구를 표현하기 시작한다. 원하는 사물이나 궁금한 물건을 잡기 위해 손을 뻗는 것, 물건을 잡고 이리저리 굴리거나 입에 넣거나 던지는 것, 원하는 물건을 달라거나 자기가 가진 물건을 만져보라고 어른 손을 잡아끄는 것, 자기 물건을 다른 사람에게 가져다주는 것 등의 행동은 모두 자신의 요구를 위해 의사소통하는 방식이다. 이러한 요구 표현과 의사소통의 최종적인 형태가 바로 '말'이다.

말을 할 때가 되었는데도 아이가 말을 못 한다고 낙담할 필요는 없다. **말을 못 해도 아이는 자신만의 방법으로 여전히 뭔가를 표현하고 있다.** 엄마를 창가로 데려간다거나, 컵을 엄마에게 보여준다거나, 강아지 소리를 흉내 낸다거나 하는 것은 뭔가를 보내는 아이의 신호다. 자폐 아동 중에는 말은 못 해도 자기가 원하는 것을 얻기 위해 어른의 손을 잡아끄는 경우도 많다. 이렇게 아이가 자기 생각을 부모와 공유하고자 시도할 때 부모가 해야 할 일은 억지로 '말'을 하게 시키는 것이 아니라, 아이의 요구 표현을 다른 방법으로 바꿔보는 것이다.

혹시 아이가 부모의 손을 잡아끌고 있는가? 그럼 일단 거부한다. **아이가 원하는 것을 곧바로 주지 않고 잠시 머뭇거리면서 아이가 다시 의사소통을 시도하게 유도한다.** 얼굴을 마주 보고 아주 궁금하다는 듯한 표정을 지으면서 아이에게 물어보자. "뭐 줄까?" 그리고 원하는

부모의 손을 잡아끌 때

물건을 손가락으로 가리키거나 몸으로 표현하거나 입을 오물거리도록 해보자.

기억하자. 아이가 할 줄 모르면, 도와주면 된다. 원하는 물건의 이름을 불러주거나, 아이의 팔을 잡은 뒤 손가락을 펴서 원하는 물건을 가리키도록 촉구해준다. 그런 뒤 아이 옆에 서서 그 물건으로 함께 걸어가자. 높은 곳에 놓인 물건이면 아이를 안아도 된다. 주의할 것은, 부모가 앞장서서 아이를 잡아끌고 가거나, 부모가 알아서 그 물건을 아이에게 직접 가져다주지 않는다는 점이다. 중요한 것은 아이가 해당하는 물건을 얻게 되는 결과가 아니라 그 물건을 얻기까지의 과정이다. 물론 그 과정에 부모가 존재하는 것이 가장 중요하다.

> **잠깐! TIP**
>
> ### 아무런 제스처를 취하지 않는 아이
>
> 설령 말을 못 하더라도 어른 손을 잡아끄는 아이는 '욕구 표현' 능력이 있다는 점에서 충분히 희망적이다. 정말 가르치기 어려운 경우는 아이가 무기력할 때다. 아이가 좋아하는 것도 없고 어떠한 의도도 표현하지 않는다면 'chapter 2 가장 먼저 실천해야 할 것(105~143쪽)' 내용을 반복해 읽으면서 아이의 동기를 충분히 이끌어낼 수 있는 방법을 찾아본다.

26. 손가락 포인팅 가르치기

아이가 엄마 손을 잡아끄는 것이 가장 기본적인 요구 표현의 형태라면 그다음 단계는 제스처다. 사실 제스처를 사용한 의사소통은 자폐 아동에게는 '말'만큼 굉장히 배우기 어려운 일이다. 관심 있는 사물을 검지로 가리키는 것, 원하는 것과 부모를 번갈아 쳐다보는 것, 싫어하는 음식을 주면 고개를 흔들어 거절하는 것 등의 제스처들은 모두 상대에게 자신의 의사를 알리는 사회적 신호다. 그러나 자폐 아동은 사회적 상호작용이 어렵다 보니 제스처를 통한 의사소통 발달 단계는 발달 과정에서 흔히 누락되어버린다.

자폐 아동에게 가장 먼저 가르칠 수 있는 제스처는 역시 손가락 포인팅이다. 사실 손가락 포인팅에는 크게 두 가지 기능이 있다. 하나는 '요구하기' 기능의 포인팅이고 또 하나는 '의도 전달' 기능의 포인팅이다. 선반에 올려진 과자를 보면서 포인팅을 하는 것은 과자를 달라는 의미의 '요구하기' 기능이다. 반면, 하늘을 날아가는 비행기를 보면서 하는 포인팅이나, 낯선 이에게 길을 가르쳐주면서 방향을 안내하는 포인팅은 상대방에게 자신의 관점을 공유하려는 '의도 전달' 기능으로 사용된다. 이것이 앞에서 설명했던 공동주의(joint attention)다.

하지만 자폐 아동에게 공동주의를 가르치는 일은 결코 쉽지 않다. 엄마를 쳐다보거나 엄마가 가리키는 물건을 쳐다보도록 가르치는 것도 쉽지 않은데, 하물며 아이가 먼저 상대방에게 자신의 관심사나 좋아하는 사물에 주목하도록 요구하는 법을 가르치는 것은 정말 어려운 일이다.(PART Ⅰ. 자폐 여부 직접 체크해보기, 50쪽 참고)

반면, '요구하기' 기능의 손가락 포인팅은 어른 손 잡고 끌기의 연장이므로 아이가 배우기도 쉬워서 자주 써먹을 수 있다. 당연히 사회적 의미도 상대적으로 덜한 편이다. 그러므로 자신이 원하는 것을 달라는 기능의 손가락 포인팅을 가장 먼저 아이에게 가르쳐보자.

손가락 포인팅을 가장 쉽게 가르치는 방법은 아이가 원하는 물건을 손끝으로 터치하게 하는 것이다. 그렇다고 멀리 떨어져 있는 것을 포인팅하도록 가르치는 것이 아니다. 처음에는 아이가 원하는 물건을 손끝으로 터치하는 방법으로 시작한다.

처음에는 터치하기부터

1단계 아이 손을 잡고 손가락으로 포인팅 모양을 만든다.

2단계 물건에 아이 손가락을 터치한다.

3단계 물건과 아이의 거리를 점점 띄우고, 손가락으로 물건을 가리키도록 한다.

여기서 말하는 '터치'란 곧바로 아이의 손에 물건을 쥐여준다는 뜻이 아니다. 아이가 팔을 뻗었을 때 손이 닿을까 말까 한 정도의 거리에서 원하는 물건을 보여준다. 그런 뒤 아이가 최대한 팔을 뻗었을 때 손가락 끝부분이 물건에 살짝 닿게 한 뒤 아이에게 물건을 건네주는 것이다. 만약 아이의 소근육이 발달하지 않아 검지로 물건을 가리키는 모양을 만들기 어려우면 그냥 손가락을 모두 펴서 포인팅해도 된다. 익숙해지면 조금씩 아이의 손을 잡고 검지로 포인팅 모양을 만들어준다.

아이가 물건을 터치해서 얻을 수 있다는 것을 알게 되면, 점차 손가락 끝과 물건의 거리를

공동주의 가르치기

띄운다. 갑자기 너무 멀어지면 안 된다. 1센티미터쯤 띄웠다가 익숙해지면 다시 2센티미터, 다시 5센티미터, 다시 30센티미터 하는 식으로 조금씩 거리를 늘려나간다. 그럼 나중에는 손이 닿지 않는 높은 곳이나 멀리 떨어진 곳을 향해 손을 뻗어서 요구하는 것을 가리킬 수 있게 된다.

손가락 포인팅이 가능하게 되면 이제 이것을 공동주의 상황에서 사용해보자. 먼저 공동주의가 자주 일어날 만한 상황을 포착하자. 예를 들어 그림책을 보거나 동영상을 시청할 때 아이가 좋아하는 캐릭터가 등장하거나 우스꽝스러운 모습이 나올 때, 또는 큰 소리나 이상한 소리가 나면, 엄마가 손가락으로 그 부분을 포인팅하면서 동시에 아이의 눈을 놀란 표정으로 번갈아 쳐다본다. 이 동작은 아이에게 공동주의가 무엇인지를 알려주는 시범 행동이다. 나중에 아이가 공동주의가 뭔지를 깨닫게 되면 이를 그대로 모방하게 된다.

다른 제스처를 가르치는 방법도 모두 같다. 앞에서 설명한 대로 제스처는 타인에게 자신의 의사를 표현하는 사회적 신호다. 제스처는 제스처를 쓸 상황에서 가르치는 것이 가장 효과적이다. 먼저 엄마가 상황에 맞는 제스처를 보여준다. 이를 반복하면 언젠가는 아이가 같은 상황이 닥쳤을 때 그 제스처를 이해하여 반응하거나 엄마가 보여준 제스처

✗ '주세요' 제스처는 NO

를 쓸 수도 있다. 처음부터 완벽한 제스처를 요구하지 말자. 조금씩 제스처를 조각하듯 형성해간다고 생각하자.

단, 제스처를 가르칠 때 '주세요'는 가르치지 말자. 두 손을 모아 앞으로 공손하게 내미는 형태의 '주세요'는 일반 아동에게도 흔히 가르치는 제스처다. 아이의 귀여운 '주세요' 제스처에 매혹된 어른들은 심지어 느린 아이들에게도 이 동작을 반복하여 연습시킨다. 하지만 **언어 발달이 늦은 자폐 아동에게 이 '주세요' 제스처를 가르치면 아이가 모든 요구 사항을 '주세요'라는 제스처 하나로 통일하여 사용하게 된다.** '주세요'가 반복될수록 구체적인 단어의 습득이 늦어진다. 그러므로 자폐 아동에게는 '주세요'보다는 해당하는 물건을 직접 가리킬 수 있는 손가락 포인팅을 가르치는 것이 좋다.

이 원칙은 말(구어)을 가르칠 때도 같다. '주세요'나 '더'와 같은 단어보다는 원하는 것을 구체적인 단어로 표현하게 가르쳐야 한다. 그렇지 않으면 아이는 끊임없이 '주세요'를 외치면서 자신의 요구를 표현하여, 정작 부모는 아이가 뭘 원하는지 몰라 난처해진다. 만일 부모의 반응이 적절하지 않으면 아이는 결국 실망하거나 탠트럼을 일으킬 수 있다. (말을 사용하여 요구하기를 가르치는 방법은 뒷부분에 나와 있다.)

제스처도 어렵다면 그림으로 보여주기

아이가 제스처도 어려워한다면 다음 방법을 시도해보자. 바로 그림이나 사진을 이용하는 PECS('펙스'라고 읽는다)다. PECS란 Picture Exchange Communication System의 약자로, 번역하면 '그림 교환 의사소통 체계'라고 한다. 개념은 생각보다 간단하다. 아이가 자신이 원하는 것을 그림이나 사진으로 제시하면 즉시 해당하는 물건으로 교환하여 제공하는 것이다. 아이가 사과를 먹고 싶을 때 엄마에게 사과 카드를 가져다주면 엄마가 냉장고에서 사과를 꺼내 주면 된다. 아이가 미끄럼틀 사진을 엄마에게 보여주면 엄마가 아이를 미끄럼틀이 있는 놀이터로 데려가는 식이다.

PECS를 제대로 활용하려면 약간의 교육이 필요하다. 이 책에서는 그 절차를 알려주지 않는데도 PECS를 언급하는 것은 PECS에 대한 오해를 풀어드리고 싶어서다. 부모에게 PECS를 권유하면 못마땅하게 생각하고 거부하는 분들이 생각보다 많다. '우리 아이가 결국 말을 못 하게 된다는 거냐'며 역정을 내는 분도 있고, 치료사가 아이의 발화를 포기했다고 받아들이는 분도 있다. 가장 우려하는 부분은 PECS를 사용해서 자유롭게 의사소통을 하게 되면 아이가 말을 안 배우려고 하지 않겠는가 하는 점이다. 그러나 걱정하지 말자.

PECS를 활용한 언어 습득의 다양한 연구를 보면, PECS는 말(구어)을 대체하기보다는 이를 보완하는 역할로 작용한다. PECS를 사용한다고 해서 말이 늦는 것이 아니라 오히려 말의 습득을 촉진하였다는 연구 결과가 많다. 가장 두드러진 장점으로, 아직 말을 습득하지 못한 탓에 문제행동을 의사소통의 수단으로 사용하던 아동이 PECS를 사용하게 되면서 문제행동이 많이 감소하였다는 연구 사례가 보고되고 있다.

PECS를 체계적으로 배우면 단순한 요구 표현 이외에도 대화를 나누고 학습을 하는 등 다양한 의사소통 수단으로 활용할 수 있다. PECS가 발전하여 컴퓨터나 타자기, 필담 등 글씨를 통한 의사소통도 가능해질 수 있다. 더욱이 PECS는 말(구어)을 퇴화시키는 것이 아니라 촉진하는 수단이 된다. 의사소통의 성공을 경험한 아이는 이제 말이라는 수단이 더 쉽고 강력한 의사소통 방법이라는 것을 깨닫고 더욱 적극적으로 더 편한 수단을 습득하려고 노력하게 된다.

PECS는 '그림 교환 의사소통 체계'로, 원하는 것을 그림이나 사진으로 제시하면 즉시 해당하는 물건을 제공한다

27. 소통 기회 일부러 만들기

아이가 뭔가를 요구할 수 있으려면 몇 가지 조건이 필요하다. 우선 아이가 좋아하거나 싫어하는 것이 무엇인지 부모가 잘 알고 있어야 한다. 그리고 그것이 일단 결핍되어야 한다(PART I. 01. '해주기' 줄이기, 80~81쪽 참고).

부모는 아이가 원하는 것을 미리 직접 갖다 주지 않고, 대신 아이 눈에 띄는 곳 근처에 슬쩍 놔두거나, 눈에는 보이지만 아이 손에는 닿지 않는 높이에 올려둔다. 앞에서 언급한 대로 아이가 좋아하는 장난감을 높은 수납장이나 선반 위에 눈에 띄도록 두거나 안이 들여다보이는 투명 박스, 지퍼백, 바구니 등에 보관하는 이유다. 그리고 아이가 달라고 표현할 때까지 기다려본다. 그러다가 아이가 그것을 요구하면 즉각적으로 반응한다.

의사소통의 성공을 경험한 아이는 다음에는 스스로 뭔가를 요구할 가능성이 커진다. 이때 기억할 것은, 아이가 스트레스를 받지 않고 즐겁게 성공할 수 있도록 도와줘야 한다는 점이다. 그러기 위해 놀라운 일을 꾸미는 것도 좋다.

예를 들면, 아이가 좋아하는 장난감을 미리 여러 개의 가방 안에 넣어두었다가 아이와 번갈아 가며 하나씩 찾아서 열어보는 활동을 해볼 수 있다. 또, 특별한 장난감을 집 안 곳곳에 숨겨두었다가 찾아내는 보물찾기를 해도 좋다. 뭔가 기대하지 않았던 일이 발생하는 상황을 만들어보는 것도 좋다. 아이가 별로 좋아하지 않는 장난감 속에서 아이가 좋아하는 초콜릿이 튀어나오는 식이다. 아이와 즐거움을 공유하면 아이도 이런 형태의 의사소통 방법을 조금씩 눈치채게 된다.

이렇게 의사소통을 연습하려면 해당 상황이 자연스럽게 일어나기를 기다리는 것보다는 아무래도 의도적으로 상황을 만들어 연습할 수밖에 없다. 부모의 창의력이 필요한 순간이다.

다음은 아이가 먼저 의사소통을 할 수 있도록 기회를 만드는 방법 8가지를 소개하였다.

[의사소통 기회 만드는 방법 8가지]

01 원하는 물건을 빈 유리병이나 투명 플라스틱 병에 넣고 꽉 잠근 뒤 건네준다.

02 식사할 때 수저나 포크를 잠깐 주지 않는다.

03 목욕하려고 욕조에 들어갔는데 물을 틀지 않는다.

04 아이가 옷을 입는데 신발(양말)을 한 짝만 준다.

05 밖에 나갈 때 문이 잠겨서 안 열리는 척 한다.

06 아이가 좋아하는 퍼즐의 조각 하나를 손에 숨긴다.

07 그림책을 거꾸로 들고 본다.

08 목이 말라서 물을 달라고 하면 빈 컵만 준다.

28. 아이의 발화 유도하기

아이의 의사소통 욕구가 확인되었다면 이제 '말'을 통한 의사소통을 연습해볼 차례다. 말과 관련해서 부모들이 흔히 하는 하소연이 있다.

저자: 아이가 말을 하나요?

엄마: 전혀 못 해요. 그나마 할 줄 아는 소리는 '엄마'하고 '까까'밖에 없어요.

저자: 그럼 발화는 되었는데요?

엄마: 아휴, 아니에요. '까까' 소리만 알아들을 만하지, '엄마' 소리는 발음도 이상하고요. 정작 저를 보면서 의미 있게 말한 적은 없어요. 아이가 방에서 '엄마, 엄마' 하고 찾기에 가보면 그냥 혼자 놀면서 내는 소리더라고요.

이런 경우라도 말을 아예 못 한다고 할 수는 없다. 적어도 구별 가능한 음소를 조음할 수는 있는 상황이다. 정작 문제는 정말 아예 아무 소리도 내지 않거나, 낼 수 없는 경우다.

자폐 아동이 왜 말을 못 하는지는 누구도 확실히 알지 못한다. 다만 적어도 자폐가 직접적인 원인이라고 할 수는 없다. 모든 자폐 아동이 말을 못 하는 것은 아니기 때문이다. 어떤 아이는 말을 못 하지만 어떤 아이는 유창하게 말을 한다. 결국 말을 못 하는 것은 자폐가 원인이라기보다는 자폐의 증상 중 하나라고 보는 것이 옳다.

자폐를 극복한 사례로 유명한 템플 그랜딘(Temple Grandin)은 어릴 때 주변 어른들이 하는 말이 모두 한 덩어리의 소음으로 들려서 말을 배울 수 없었다고 말했다. 이를 근거로 중추청각처리장애(Central Auditory Processing Disorder) 또는 실행증(Apraxia) 등의 진단을 내린 전문가도 있다(너무 어려운 이론과 용어이니 넘어가자). 하지만 이 역시 아이가 조금이라도 말을 할 수 있기 전까지는 그 진단이 맞는지 검증할 방법은 없다. 그래도 상관없다. 원인을 알아냈다고 해서 자폐 아동의 뇌를 수정해줄 수는 없으니 말이다.

다음은 아이가 말소리를 낼 수 있도록 유도하는 방법이다. 아이가 말을 못 한다면 우선은 정확한 발음이나 음소가 아니더라도 아이가 의사소통을 위해 의도적으로 소리를 내는 것이

말소리 내도록 유도하는 방법

❌ 말 강요하기
"따라 해! 사과! 말 안 하면 안 줘!"
처음부터 정확한 발음을 요구하면 안 된다

⭕ 계속 불러주기
"사과 사~~과"
물건을 건네주기 직전에 이름을 계속 불러준다

가장 중요하다. 모든 아이가 말 이전에 옹알이부터 하는 것과 같은 이치다. 그러므로 사과를 손에 들고 "따라 해, 사과!" 하는 식으로 말을 강요하는 것은 좋지 않다. "말 안 하면 사과 안 줄 거야" 방식으로 말을 가르쳐서는 안 된다. 처음부터 아이에게 정확한 발음을 요구해서도 안 된다. 말을 가르칠 때도 그동안 배웠던 원칙이 똑같이 적용된다.

좋은 것을 건네주기 직전에 그 물건의 이름을 계속 불러주자. 연구에 따르면 실제 이 방법이 아이의 발화를 유도하는 데 효과적이다. 끊임없이 사물의 이름과 그 말소리를 함께 들려주면 아이가 말이라는 것을 인식하는 데 도움이 된다. 만약 아이가 비록 정확한 발음이 아니더라도 의도적으로 소리를 낸다면 그것만으로도 칭찬하고 강화해야 한다. 아이가 어떤 소리든 자발적으로 내면 즉시 아이가 좋아하는 강화물을 주고 과장되게 칭찬해줌으로써 이 상황이 즐겁고 유리하다는 것을 알려준다.

이 방법을 사물 요구하기에 활용해보자. 의도적으로 아이의 음성을 유도하는 것이다. 예를 들어, 아이가 우유를 엄청나게 좋아한다고 하자. 처음에는 우유를 아주 조금 먹인다. 그

요구할 때 유도하기

럼 아이가 더 달라고 손을 뻗거나 포인팅할 것이다. 이때 엄마는 이것을 막으면서 아이에게 뭔가를 기대한다는 듯이 바라보면서 "우~~"하고 입 모양을 보여준다. 이때 말은 하지 않는다. 그리고 기다린다. 아이가 여전히 말이 없으면 우유를 아이 쪽으로 좀 더 가까이 가져간다. 그리고 다시 우유를 가리키면서 입술을 동그랗게 모은 채 기대하는 표정으로 "우~~"라고 말을 할 듯이 쳐다본다. 그리고 또 기다린다. 그래도 말이 없으면 이번엔 우유와 엄마의 동그란 입을 번갈아 가리키면서 아이의 반응을 기다린다. 이렇게 서너 번 반복하면서 뭔가를 요구할 때 말이 필요하다는 것을 알려준다. 아이가 조금이라도 소리를 낸다면 즉시 컵에 적당량의 우유를 부어주면서 칭찬하여 아이가 그 상황을 즐기게 해준다.

이때 유의할 것이 있다. **아이가 울거나 소리를 지르고, 또는 짜증을 부리거나 손을 강하게 뻗어 우유를 낚아채려고 할 때까지 지속하면 안 된다.** 말을 유도하는 것은 즐거운 일이어야 하는데, 오히려 아이에게 힘들고 어려운 과정임을 학습시킬 수 있다. 만약 아이가 반응이 전혀 없으면 서너 번 시도한 뒤 앞에서 제시한 것처럼 아주 조금의 우유만 부어준다. 그래야 아이가 좌절하지 않는다. 그런 뒤 이 과정을 다시 처음부터 반복한다.

활동에 의미를 부여하기

활동에 의미를 부여하는 것도 중요하다. 아이가 이상한 소리를 내더라도 그 소리가 실제 의미가 있는 것처럼 반응해주자. 예를 들어 아이가 스케치북에 색연필로 낙서하고 있는데 동그라미를 그리면서 '해'처럼 들리는 발성을 했다면 재빨리 엄마도 색연필을 들어 아이의 부탁이라도 받은 듯이 해를 그려준다. 그리고 아이와 해를 번갈아 쳐다보며 아이의 발성을 칭찬해준다.

놀이에서도 이 방법을 동일하게 사용할 수 있다. 만일 아이가 공놀이를 좋아한다면, 공놀이하는 동안 지속해서 "공, 공, 공~" 하고 말해준다. 말 덧붙이기에서 배운 것처럼 "공이 통, 통, 통!"이라고 묘사하거나 "공이 데굴, 데굴, 데굴" 하는 식으로 표현할 수도 있다(더 알아봅시다. '단어와 단어 덧붙이기 요령', 156~157쪽 참고).

이렇게 놀이와 말소리를 끊임없이 함께 들려주다가 어느 순간 공을 잠시 손에 쥐고 있으면서 아이가 "공"이라는 말을(심지어는 아무 소리라도) 하는지 기다려본다. '공'이 아닌 '통'이라는 말일 수도 있고 '데굴'이나 '데'와 같이 말을 할 수도 있다. 그럼 똑같이 아이를 칭찬하고 더 즐겁게 공놀이를 즐긴다. 이렇게 발화를 유도하는 것이 "너 뭐 먹을래?" 또는 "우리 뭐 하고 놀까?" 하는 식으로 직접 질문하는 것보다 바람직하다.

29. 말 따라 하는 법 가르치기

어떤 아이는 말소리는 내지만 엄마가 내는 소리를 따라 하지 않는다. 물론 자연스럽게 엄마가 내는 소리를 따라 할 수 있는 아이라면 그 즉시 강력한 강화물로 강화해야 한다. 그러나 아이가 엄마 말을 따라 하지 않는다면, 다음과 같은 방법을 통해 아이가 엄마를 흉내 내도록 유도해볼 수 있다. 먼저 아이가 자발적으로 내는 소리를 확인한다. 아이가 '음~' 하는 소리를 잘 낸다면 이제 이 소리를 이용하면 된다.

아이: "음~"

엄마: "음~" 해봐.

아이: "음~"

엄마: (강화)

이것은 아이가 원래 할 수 있는 발음을 활용해서 아이가 엄마 말소리를 따라 한다는 개념을 심어주는 과정이다. 아이가 엄마의 지시에 의해 안정적으로 따라 할 수 있게 되면 이제

처음 음성 모방을 할 때는 아이가 원래 할 수 있는
발음을 활용해서 엄마 말소리를 따라 하게 한다

[말 흉내 유도하기 4단계]

1단계 아이의 자발음을 확인한다

2단계 엄마가 내는 소리를 따라 하게 한 뒤 성공하면 강화한다

3단계 조금 다른 음을 따라 하게 한 뒤 성공하면 강화한다

4단계 아이의 반응이 안정적이면 다른 소리를 추가한다

동작 모방이 가능한 아이

"음~"과 조금 다른 음을 시도한다.

엄마: "음~" 해봐.

아이: "음~"

엄마: "아~" 해봐.

아이: "아~"

엄마: (강화)

이렇듯 **모방은 학습에 가장 중요한 도구다.**

말소리를 따라 하는 것도 결국 음성에 대한 '모방'이다. 말을 모방하는 것은 동작을 모방하는 것보다 수백, 수천 배는 어려운 일이다. 이런 사실을 부모들은 잘 모르는 것 같다. 동작은 눈에 보인다. 하지만 음성은 눈에 보이지 않는다. 서로 다른 음소마다 조음 방법이 각각 어떻게 다른지 입속을 보여줄 수도 없다.

그래서 동작 모방에서는 엄마가 아이 손을 잡고 하는 법을 도와줄 수 있지만, 언어 모방에서는 직접적으로 도와줄 방법이 없다. ㄱ, ㅋ, ㄲ 발음을 할 때는 연구개를 막았다가 순간적으로 터뜨려야 한다는 걸 어떻게 알려줄 수 있을까? 동작 모방처럼 아이가 성공을 경험할 수 있도록 유도하는 것이 음성 모방에서는 참 어려운 일이다.

그런 이유로 대소근육 등 동작 모방과는 달리, 말이나 음성과 같은 언어 모방에서 가장 중요한 것은 바로 '동기'다.

음성 모방이 가능한 아이

그리고 **되도록 쉽고 간단한 발음으로 모방을 시작해서 점차 어려운 발음으로 진행할 것을 권한다.** 발음이 쉬운 것은 보통 모음이다. 아, 에, 이, 오, 우 등과 같은 모음은 혀의 움직임이 상대적으로 적고 입술의 움직임을 보여줄 수 있는 발음이다. 자음의 경우 입술소리인 ㅁ, ㅂ, ㅍ과 같은 음소가 가장 모방하기 쉽다. 일반 아기가 맨 먼저 배우는 말이 '엄마', '아빠' 같은 단어인 이유도 같은 원리다.

이런 맥락에서 만일 아이가 동작 모방조차 잘하지 못한다면 음성 모방보다는 동작 모방을 먼저 완성할 것을 권한다. 동작 모방을 잘 해낼 수 있다면 눈에 보이지 않는 소리에 대한 모방도 아이가 원리를 깨닫고 해낼 수 있을지 모른다.

물론 동작 모방도 안 되는 아이인데도 말을 잘하는 예도 있다. 모든 아이의 발달이 교과서에 나오는 것처럼 똑같이 이뤄지는 것이 아니기 때문이다. 어떤 영역은 빨리 발달하고 어떤 영역은 상대적으로 늦기도 한다.

일반 아동을 보면, 어떤 아기는 뒤집기를 하고 나서 배밀이를 생략하고 곧장 앉기를 하거나 걸음마를 시도하기도 한다. 이렇게 영역별로 발달 순서가 고르지 않게 나타나는 일이 자폐 아동의 경우에는 더 흔하다.

30. 반향어도 괜찮아

반향어(echolalia)는 자폐 아동의 언어 특징을 말할 때 빠질 수 없는 내용 중 하나로, 다른 사람이 말한 것을 의미 없이 그대로 반복하는 것을 지칭한다. 엄마가 "우유 줄까?"라고 묻는 말에 아이도 "우유 줄까?"라고 답을 하면 도대체 어쩌란 말인가 하고 낙담할 수도 있다.

반향어가 언어 습득에 별 소용이 없는 것 같지만 그동안 진행된 많은 연구를 통해 반향어 역시 의사소통에 필요한 기능과 정보를 담고 있음이 밝혀졌다. 물론 반향어가 말을 배우는 데 방해되는 것은 사실이다. 하지만 적절하게 활용하면 아예 반향어조차 없는 아동보다는 말을 가르치기가 좀 더 쉽다.

그동안 우리가 공을 건네주면서 '공'을 들려주고 신발을 신기면서 '신발'을 따라 하게 만든 것도 반향어를 활용하는 방법의 하나다.

여기서는 좀 더 구체적으로 반향어 활용하는 방법을 소개하겠다. 예를 들어 아이에게 "네"라는 대답을 가르치는 경우다. 반향어가 있는 자폐 아동은 "우유 줄까?"라는 질문에 답하기

올바른 반향어 활용법

보다는 묻는 말을 그대로 따라서 "우유 줄까?"라고 대답할 것이다.

이제 질문의 방법을 조금 바꾼다. 아이에게 "우유 줄까?"라고 질문을 하자마자 곧바로 이어서 "네~"라는 대답을 제시해준다. 아이가 말을 그대로 따라서 질문할 틈을 주지 않는 것이다.

엄마 : "우유 줄까?" (바로 이어서) "네!~~"

아이 : "네~"

질문을 하면 질문을 그대로 따라 한다

질문 뒤에 바로 답을 말하면 답을 따라 한다

반향어로 시범 보이기

이때 말 배우는 것이 즐거워야 한다는 원칙은 변함이 없다. 아이에게 질문인 "우유 줄까?"는 상대적으로 조금 작은 소리로 묻는다. 이어 "네!~~"라는 말을 들려줄 때는 눈을 크게 뜨고 입을 크게 움직이며 "ㄴ~" 발음을 시작한다. 그리고 이내 엄마 얼굴을 아이 쪽으로 재빨리 들이밀면서 "에에~~"하면서 "네에에!~~"라는 대답을 완성하여 들려준다.

질문 후 바로 아이가 반향어를 할 수 없을 정도로 빨리 동작을 취하자. 엄마가 조금 멈칫하면 아이가 엄마 말 전체를 따라서 "우유 줄까? 네에에!~~"라고 할 수도 있다.

이 과정을 잘 반복하면 언젠가는 아이가 엄마의 "ㄴ~"을 이어받아 뒤쪽의 "에에~~"를 따라 할 수 있을 것이다. 혹은 "네에에~~" 전부를 따라 할지도 모른다.

이 과정이 익숙해지면 이제 아이에게 시범을 보일 때 엄마가 대답을 조금씩 천천히 한다. "우유 줄까?"에 이어서 목소리는 내지 않고 표정과 입술 모양만 "네!~~"를 보여준다. 그리고 더 나중엔 이마저도 줄여 마침내 아이가 독립적으로 "네~"라고 대답하게 만든다.

이런 방법은 특히 제스처를 연합하여 사회적 관계가 필요한 대화를 가르칠 때 매우 도움이 된다.

제스처로 가르치기

예를 들어 아이에게 모자를 씌워주면서 "누구 모자야?"라고 물었을 때 "또미 모자"라고 대답하는 것을 가르친다고 해보자. 엄마는 아이에게 "누구 모자야?"라고 묻고서 바로 "또미 모자!"라고 답을 알려주면서 아이의 손을 잡아 아이의 가슴에 대준다. 모자가 누구 것인지 촉구하는 것이다.

아이로부터 휴대전화를 회수하려고 "엄마 줘"라고 하니 아이가 그대로 반복해서 "엄마 줘"라고만 따라 말한다면, 이제 엄마는 "엄마 줘"라는 지시를 하면서 아이의 손을 잡아 엄마 가슴에 대면서 그 말이 어떤 의미인지를 구체적으로 알려준다. 그런 다음 앞서 설명한 방법처럼 아이에게 곧바로 "네~~"라고 시범을 보이고 아이가 이를 따라 말하게 유도한다. 그런 뒤 휴대전화를 돌려받는다.

이때 장난감을 교대로 주고받는 것도 좋다. 아이가 좋아하는 장난감이 있다고 했을 때, 아이의 손에 장난감을 쥐여주거나 회수하면서 동시에 "또미 차례", "엄마 차례" 하는 말을 적절한 제스처와 함께 가르칠 수 있다.

이같이 촉구를 통해 아이의 반응이 정확해지면 점차 촉구와 시범의 정도를 줄인다. 궁극적으로는 아이 스스로 적절하게 대답할 수 있게 하는 것이 목표다.

모든 의사소통 형태에 반응하고 존중하기

다른 영역의 발달에서도 그렇지만 말을 배울 때도 아이들은 단계적으로 고르게 발달하지 않는 경우가 많다. 아이가 어른 손을 잡아끌다가, 다음에는 제스처를 쓰다가, 다음에는 말을 배우는 식으로 의사소통 방법이 단계적으로 늘어나면 좋겠지만, 생각보다 아이들은 언어를 자주 비일관적으로 사용한다. 말을 할 줄 아는 아이가 갑자기 어른 손을 잡아끄는 예도 있다. 예를 들어 어떤 아이는 '과자'라는 말을 잘 사용하다가 갑자기 말을 잊고 도로 몸짓으로 표현하기도 한다. 그럴 때 부모는 높은 수준의 의사소통(말)을 유도하고 싶은 마음에 말 이외의 의사소통은 애써 무시하거나 자꾸 교정하려고 한다. 이것은 바람직하지 않다.

아이가 여러 수준의 방법을 사용하더라도 모두 반응해주자. 물론 원하는 수준의 의사소통 방법(주로 말)을 아이에게 계속 가르친다. 하지만 아이가 다른 방법으로 의사 표현을 해도 부모는 꾸준히 반응해줘야 한다. 그래야 아이가 지속해서 소통을 경험하고, 이로 인해 동기가 부여되기 때문이다. 만일 아이가 말을 하지 않고 손을 잡아끈다고 해서 원하는 물건을 주지 않으면 아이는 좌절하게 되고 의사소통하려는 동기를 잃어버린다.

아이가 자기 능력보다 낮은 형태의 의사소통 수단을 써도 존중해주자. 부모는 혹시라도 아이가 말을 잃어버리고 더 낮은 단계의 쉬운 의사소통 수단만 사용하게 될까 봐 염려될 것이다. 하지만 실제 연구를 살펴보면 그렇지 않다. 사실 말이라는 수단은 한번 학습하면 그 어떤 수단보다도 쉽고 강력한 의사소통 방법이 된다. 따라서 아이 스스로 말을 자주 사용하게 되어 있다. 그러니 처음에는 아이가 좀 비일관적인 행동을 보이더라도 인내하면서 기다려주자.

아이들이 시행착오를 통해 배우지 못하는 것은 언어도 마찬가지다. 아이가 뭔가 잘못 얘기했

잘못한 말은 바로 교정하기　　 자연스럽게 정확한 말을 유도하기

을 때 "아니야", "틀렸어, 다시"와 같은 말과 함께 교정하려고 시도하는 것은 효과적인 학습 방법이 아니다. 지금까지의 원칙과 마찬가지로 올바른 시범을 보여 자연스럽게 정확한 말을 유도해주자. 아이가 "과가"라고 한다고 해서 "아니야, 틀렸어, 과자라고 해야지. 다시 해봐, 과자. 안 그러면 과자 못 먹어" 하는 식으로 교정하지 말고, "그래~ 과자~ 여기 있어, 과자~"와 같이 유도하자. 성공의 경험은 언제나 중요하다.

가장 중요한 것은 아이의 자발성이다. 아이의 자발어가 잘 나오지 않는다면 원인은 여러 가지일 수 있다. 동기 부여가 충분하지 않을 수도 있고, "뭐 줄까?"라는 식의 질문에 너무 노출된 탓에 질문 없이는 말을 안 할 수도 있다(이를 촉구 의존성이라고 표현한다). 또 하나는, 아직 자발적인 의사소통하기에 지금 배우는 방법이 어렵기 때문일 수 있다. 그럴 때는 좀 더 쉬운 방법으로 시도해보자. 계속해서 말로 표현하기보다는 제스처나 그림 등으로 표현하게 하자. 아이가 자발적으로 단어를 사용하지 못한다면 언어 소통에 전혀 도움이 되지 않는다. 이렇게 아이가 자발적으로 의사소통하도록 유도하려면 부모의 창의력이 더 많이 필요하다. 그래도 아이를 가장 잘 아는 사람도, 의사소통의 기회와 상황을 가장 많이 만들 수 있는 사람도 다름 아닌 부모라는 것을 기억한다.

31. 질문하고 대답 유도하기

부모는 아이에게 많은 질문을 할수록 언어가 빨리 발달할 거라고 믿는 것 같다. 그래서 끊임없이 질문하면서 반응을 끌어내려고 한다.

"이게 뭐야?" "뭐 줄까?" "너 지금 뭐 하고 있어?" "이거 이름이 뭐지?"

앞에서 줄이고 치우고 아끼는 법에 대해 배웠다. 그 원리는 아이에게 말을 가르칠 때도 똑같이 적용된다. 아직 말귀를 못 알아듣는 아이라면 질문과 요구는 참아주자. 공을 들고 있는 아이에게 "이게 뭐야?"라고 묻지 말고 그냥 "공"이라고 말해준다. 신발을 신고 있는 아이에게 "너 지금 뭐 해?"라고 요구하지 말고 그냥 "신발" 또는 "신발 신어"라는 말을 반복해서 들려준다.

설령 말을 하는 아이에게도 질문할 때는 주의해야 한다. 제일 중요한 원칙은 '아이에게 답을 알려줄 수 없는 질문은 하지 않는 것'이다. 대화를 주고받는 것이 어려운 자폐 아동임에도 대부분 부모는 궁금하니까 자꾸 아이에게 묻는다.

"너 점심 먹었어?" "점심 뭐 먹었어?" "누구랑 먹었어?"

하지만 아이는 좀처럼 대답하지 않고, 답답한 부모는 끊임없이 같은 질문을 반복한다. 이 상황이 지속되면 아이는 아예 질문 자체를 회피할 수도 있고, 혹은 질문에 대답하지 않아도 된다고 학습할 수도 있다.

자폐 아동에게 대화를 가르칠 때는 부모가 정확한 답을 알고 있는 질문을 하고 대답을 유도한다. 예를 들어 아이가 점심 먹은 것을 알고 있다고 가정하자. 아이에게 "너 점심 먹었어?"라고 묻는다. 아이가 "네"라고 대답해야 함에도 아무 말이 없으면 이제는 "너 점심 먹었어?"라고 물은 직후에 "네~!"를 대답하도록 연습시킨다.

아이의 점심 메뉴가 돈가스였다는 걸 알고 있을 때 "점심 뭐 먹었어?"라고 묻고 곧바로 "돈가스!"라고 시범을 보여준다. 그렇게 함으로써 아이가 뭐라고 대답해야 하는지 알려주는 것이다. 이 방법을 반복하면 대화란 서로 말을 주고받는 것임을 아이에게 알려줄 수 있다.

질문할 때 유의 사항

이렇게 원리를 알려드려도 머리로는 이해하는데 의욕이 앞서다 보니 질문하기를 반복하게 되고, 대답 시범을 보인다는 것이 어쩐지 어색해서 익숙해지기까지 꽤 오래 걸리는 분이 많다. 질문에도 연습이 필요하다. 의도적으로 스스로 계속 점검한다. 가족끼리 서로 교정을 해 줄 수 있으면 좋다. 아이에게 활용하기 전에 가족끼리 또는 부부끼리 먼저 역할극처럼 연습하면 더욱 좋다.

32. 일상에서 언어 확장하기

아이의 의사소통이 늘어나면 이제 새로운 어휘를 배우고 언어를 확장할 차례다. 언어 확장을 위해 필요한 것은 새로운 경험이다. 경험은 곧 배움이다. 배움은 일상생활 속 순간순간에 있다. 일상생활에서 하루 24시간 동안 지속해서 언어적 자극을 준다면 언어치료실에서보다 훨씬 많은 것을 배울 수 있다.

일상생활 속에는 아이가 배울 수 있는 어휘들이 정말 많다. 요리, 청소, 빨래, 외출 등 아이와 다양한 활동을 함께하는 내내 반복해서 단어를 말해줄 수 있다. 예를 들어 목욕하려고 욕조에 물을 채우면서 "물이 따뜻해", "물이 차가워" 등과 같은 말을 아이에게 반복해서 들려준다. 온도에 대한 개념을 알려주는 것이다. 아이의 손을 욕조 물에 담그면서 "따뜻해? 차가워?" 하고 물의 온도를 물어보면서 단어 사용을 유도한다.

손 씻기, 옷 입기, 이 닦기 등은 하루에도 여러 번 하는 활동이다. 이를 이용해 역할놀이, 상호작용, 의사소통을 연습할 수 있다. 장난감 정리, 빨래 개기, 쓰레기 버리기 등 집안일 돕

요리, 청소, 빨래, 외출 등 일상생활 속 다양한 활동을
함께하면서 단어를 계속 반복해서 말해준다

생활 속 의사소통 활용법

는 과정도 학습의 기회가 된다.

　식사 시간을 활용하면 즐거움을 공유하면서 동시에 요구와 거절을 연습할 수도 있다. 집 밖의 활동도 새로운 어휘를 습득할 좋은 기회다. 시장, 마트, 식당, 놀이터, 주유소, 동물원 같은 곳에서는 눈에 보이는 것들을 손가락으로 포인팅하면서 새로운 단어를 반복해서 사용해볼 수도 있다.

　일상생활에서 아이에게 역할을 주는 것도 좋다. 예를 들면 목욕 전에 좋아하는 장난감을 고르게 하거나, 수납장에서 꺼낸 수건을 들고 있으라고 하거나, 목욕이 끝난 후 욕실 등을 끄라고 할 수도 있다. 기저귀를 갈 때 새 기저귀를 가져오라고 시킬 수도 있다. 식탁을 닦을 때 돕게 할 수도 있고, 휴지를 휴지통에 버리라고 할 수도 있다.

　이렇게 일상생활에는 부모와 아이가 함께할 수 있는 일이 많다. 그 일은 아이에게 즐겁고 신나는 일이 되어야 한다. 그런 기회가 자주 주어지고 더 많은 역할이 아이에게 돌아갈수록 언어 확장의 기회는 점점 늘어난다.

　이런 활동을 통해 언어 확장을 할 때는 '하루에 몇 개', '오늘은 어떤 단어' 식으로 목표를 세워두자. 그래야 집중적으로 노력할 수 있고, 아이의 발전 상황도 점검할 수 있다. 그러다 보면 아이가 어느 순간 배운 어휘를 말하는 날이 올 것이다.

경험은 위대한 스승

이렇듯 일상생활의 순간순간이 소중한 기회다. 그런데 많은 부모가 치료를 위해 하루에 여러 개의 일정을 잡아 아이를 차에 태워 다니며 하루를 보낸다. 더구나 치료실이 멀면 차에서 보내는 시간이 길어진다. 이런 교육 방식은 권하고 싶지 않다.

아이에게 세상을 경험하게 해주는 것이 좋다. 여행도 다니고, 지인 집도 방문하고, 놀이터에도 가고, 동네 산책을 하는 등 일상적인 경험이 오히려 아이에게 더 도움이 된다. 경험은 위대한 스승이다.

다음은 아이가 새로운 단어를 습득하도록 유도하는 구조적인 방법이다. 이 방법은 총 4단계로 이루어져 있다. 아이에게 가르치려는 단어가 '동물원', '코끼리', '기린', '사자'라고 가정하자. 그리고 가족이 동물원으로 놀러 갈 계획이다.

언어 확장에 좋은 방법은 여행도 다니고, 지인 집도 방문하고, 놀이터에도 가고, 동네 산책을 하는 등 일상적인 경험이다

[새 단어 습득 유도하기 4단계]

1단계 동물원 그림책을 보여준다

동물원 가기 며칠 전부터 관련된 책을 보여주면서 아이에게 읽어준다. 가르치려는 단어가 있는 페이지가 나오면 즐거운 목소리와 놀라는 표정을 사용하면서 그 단어를 반복해서 들려준다.

2단계 동물원에 가서 들려준 단어를 말한다

동물원에 가면 그림책에서 읽었던 단어를 말해준다. 이때 아이가 관심을 가질 수 있도록 과장되게 표현한다. "여기 동물원이야!" "우와 코끼리!" "저기 기린이네~." "사자가 어흥~."

3단계 집에 와서 복습한다

집으로 돌아오면 그림책을 다시 읽어준다. 아이가 그날 배웠던 단어를 기억할 수 있도록 반복해서 읽어준다.

4단계 며칠 뒤 다시 복습하며 반복한다

시간이 지난 후 다른 장소, 다른 사람들과 있는 자리에서 동물원에 다녀온 사건을 말하면서 그날 배웠던 단어를 다시 말한다. 가족사진이나 동영상을 보면서 회상해보는 것도 좋다.

ABA 전문가이면서 동시에 같은 자폐 아동을 둔 부모로서
문제행동을 중재하는 비결과
아이의 치료와 교육에 필요한 팁을 소개하였다

PART III

ABA 생활 속 응용하기

전문가의 실전 노하우

아이에게 학습시키고 말을 가르치는 것 외에도 양육에 관련하여 부모가 알아야 할 것은 정말 많다. 그중 아이가 보이는 문제행동은 부모가 맞닥뜨리는 가장 큰 장애물이다. 여기서 말하는 문제행동은 '아이가 뭔가를 할 줄 모르는 것'을 말하지 않는다. 학습에 방해되거나 심지어 아이 자신과 타인의 안전에 해를 끼치는 행동을 말한다. 떼를 쓰고 탠트럼을 부리는 것부터 남을 때리고 물건을 던지거나 부수는 것, 머리를 박고 손등을 무는 자해 행동까지 이러한 다양한 형태가 흔히 생각하는 '문제행동'의 영역에 놓인다.

물론 아이들은 이유 없는 행동을 하지 않는다. 부모도 잘 알고 있다. 아이의 발달이 느리건 빠르건 상관없다. 일반 아동에게도 문제행동은 마음의 고통을 표현하는 신호다. 이럴 때 가장 중요한 부모의 태도는 아이의 마음을 읽어주고 공감하며 소통을 통해서 문제행동의 원인을 찾고 감정코치의 역할을 수행하는 것이다.

그러나 자폐처럼 발달에 어려움이 있는 아동은 상황이 좀 다르다. 아이의 마음을 읽어주고 공감하기는커녕, 간단한 의사소통조차 되지 않는다. 그러다 보니 원인 찾는 것부터 난관에 빠진다. 당연히 문제행동에 대한 대처 방법도 일반 아동과는 조금 다를 수밖에 없다.

발달장애아의 문제행동에 대한 이론이나 책은 이미 시중에 여러 권 나와 있으므로, 여기서는 문제행동에 대해 자세하게 다루지 않았다. 대신 ABA 전문가 이전에 자폐아를 둔 같은 부모 입장에서 문제행동을 어떻게 바라보고 대처해야 하는지를 소개하였다. 아울러 ABA에 대한 몇 가지 팁과 기타 교육에 필요한 몇 가지 정보를 포함하였다.

문제행동 다시 정의하기

PART 전문가 실전 노하우

부모는 남들 다 하는 걸 내 아이가 못 하면 좌절하기 마련이다. 더구나 심각한 문제행동을 한다면 엄청난 스트레스를 받는다. 만일 아이가 심각한 문제행동을 보인다면 방치해서는 절대 안 된다. 문제행동에 관심을 기울이고 대응하는 것이 무엇보다 중요하다. 그러지 않으면 문제행동이 점차 굳어져버려서 나중에 교정하기가 정말 힘들어진다. 문제행동을 다루는 전략은 다른 학습 전략보다 더 어렵고 많은 인내심과 기술을 필요로 한다.

문제행동을 다룰 때 처음 할 일은 어떤 행동을 문제행동이라고 할 것인가 정의하는 일이다. 보통 문제로 여기는 행동은 아이 자신의 건강을 위협한다거나 타인에게 피해를 주거나 학습에 심각한 방해가 되는 것을 우선순위로 꼽는다.

만일 지금 아이에게 문제행동이 있다면 이 중 어떤 기준에 해당하는지 살펴보자. 그런데

문제로 여기는 행동은 아이 자신의 건강을 위협한다거나 타인에게 피해를 주거나 학습에 심각한 방해가 되는 것을 우선순위로 꼽는다

문제행동을 정하는 기준

아이가 어릴수록 이 정도의 심각한 행동은 실제 잘 나타나지 않는다. 설령 나타난다 해도 부모가 신체적으로 충분히 제어할 수 있다 보니 심각성을 잘 모를 수 있다. 그래서 어린아이를 둔 부모가 실제 느끼는 문제행동의 형태는 조금 다르기도 하다.

문제행동의 정의를 다시 내릴 필요가 있다. 혹시 행동 판단의 기준이 아이가 아니라 어른에게 있지는 않은가? 부모의 기준으로 문제행동을 살피기 시작하면 보통 이런 행동들이 문제행동이 된다.

'아이를 제지하느라 내 몸이 너무 힘들다.' '아이가 남에게 민폐를 끼쳐 항상 죄스럽다.' '아이 행동으로 인해 부끄럽고 창피하다.' '아이가 하는 행동이 너무 보기 싫다.'

다시 강조하지만, 자폐 아이는 자신의 행동에 대해 가치를 판단할 수 없다. 그것을 평가하여 올바르게 가르치는 것은 부모의 몫이다. 아이가 일부러 부모를 힘들고 부끄럽게 만들고 남에게 민폐를 끼치기 위한 목적으로 그런 행동을 하지는 않는다.

아이의 행동을 다시 한번 판단해보자. 아이의 건강에 위협이 되는가, 타인의 신체와 재산에 피해를 주는가, 학습에 방해가 되는 행동인가. 만일 이 기준에 해당한다면 전문가의 도움을 받아 장기간에 걸쳐 일관된 중재를 할 필요가 있다. 하지만 아이가 아닌 엄마의 기준으로 아이를 바라보았다면 이제 그 기준을 내려놓고 아이를 제대로 바라봐 주자.

특히 부모들이 아이의 문제행동으로 꼽는 대표적인 사례가 자기자극 행동이다. 자기자극 행동은 누구에게 피해를 주지도 않으면서 아이 스스로 무료함을 달래거나 마음의 위안으로 삼는 행동일 때가 많다. 물론 자기자극 행동으로 인해 학습에 심각한 방해가 된다면 중재가 필요하다. 그러나 **대부분의 경우 자기자극 행동은 부모 입장에서 보기 싫다는 이유로 문제행동으로 여겨진다.** 만일 이런 논리에서 아이가 손을 펄럭이고 흔드는 행동을 못 하게 막으면, 나중에는 손을 흔들어 인사하는 행동도 하지 않게 될 수도 있다.

문제행동의 원인을 찾아서

아이가 보이는 문제행동 중에는 학습 때문에 형성된 것이 아닐 경우도 있다. 아이가 지닌 신체적·생리적 어려움이 문제행동의 원인일 때도 많다.

예를 들어 아이가 어금니가 썩어 통증이 심하다고 가정해보자. (충치나 치주염을 겪어본 분이라면 그 고통을 짐작할 것이다.) 아이는 자신의 신체 상태는커녕 간단한 의사도 표현하기 어려운 무발화다. 아이는 너무 고통스러운 나머지 땅바닥에 데굴데굴 구르기도 하고 눈에 보이는 물건을 마구잡이로 집어 던지거나 부수기도 한다. 옆에서 지시를 내리는 사람을 공격하기도 한다. 부모도 문제행동을 해결하려고 애쓰지만, 원인을 찾기가 어렵다. 아이의 문제행동이 심할수록 어른들의 제재는 점점 강해진다. 아이 입속 깊숙한 곳 어금니가 썩었다는 것은 한참 후에 발견하게 된다.

이 이야기는 실제 있었던 사례다. 주변의 어른들이 문제행동에 집중하는 동안 아이는 혼자 외롭게 자신만의 고통과 씨름하고 있었다. 아이의 문제행동이 신체적·생리적 어려움으로

 문제행동을 제재할 방법을 고민하다

문제행동은 겉으로 보이는 것으로 판단하면 그냥 다 문제일 뿐이다

신체적·생리적 어려움 살피기

부터 나오는 것은 아닌지 면밀하게 살펴보자.

　자폐 아동에게 나타나는 다양한 행동 특성 중 대표적인 것이 주의력결핍 과잉행동장애(ADHD)다. 어떤 것에도 집중 못 하고 부산하게 뛰어다니는 것은 아이가 원해서 그런 것이 아니다. 그런 아이를 혼내고 꾸짖는 것은 아무런 효과가 없다.

　자폐 아동이 흔히 겪는 또 다른 동반 증상은 불안장애다. 불안할 때 자폐 아동의 행동 양상은 다양하게 나타난다. 초조해하거나 무서워하기도 하고, 계속 깔깔 웃는 아이도 있다. 어떤 아이는 상동 행동이 극심해지고, 어떤 아이는 반향어가 늘어난다. 어떤 아이는 화를 내고, 어떤 아이는 울고, 어떤 아이는 파괴 행동을 보이기도 한다.

　이 행동은 겉으로 보이는 것으로 판단하면 그냥 다 문제행동일 뿐이다.

　아이가 가진 신체적·생리적 어려움을 의심해보자. 아이의 고통과 어려움을 고려해준다. 그러면 아이가 문제행동을 보일 때 대처할 수 있는 옵션이 생긴다. 아이를 안정시킬 방법을 찾기도 하고, 의료상의 지원을 해줄 수도 있다. 적어도 이유를 몰라 답답해하거나 아이를 혼내는 일은 줄어들 것이다.

문제행동이 신체적·생리적 어려움으로부터 나오는 것은 아닌지 면밀하게 살핀다

> 더 알아봅시다

주의력결핍 과잉행동장애

흔히 ADHD(Attention Deficit Hyperactivity Disorder)라고 불린다. 지속해서 주의집중력이 부족하여 산만하고 충동성과 과잉행동을 보인다. 주로 영아기부터 증상을 보이지만, 정식 진단은 학령기가 되어야 가능하다.

원인은 정확히 밝혀진 바 없다. 진단이 내려질 정도의 중증이 아니라면 대부분 성장 발달 단계에서 자연스럽게 증상이 사라진다. 그렇지 않은 경우라면 약물과 교육을 통해 지속적인 관리와 치료가 필요하다.

영유아기에 나타내는 ADHD 증상을 살펴보면 먼저 작은 자극에도 깜짝 놀라고, 쉽게 보채거나 투정을 잘 부리는 등 감정 상태가 불안하다. 수면 주기도 불규칙하며, 행동이나 사회성이 미숙하여 또래와의 관계 형성에도 어려움을 보인다. 이 상태가 소아기와 학령기로 넘어가면 어떤 한 가지에 지속해서 주의를 기울이지 못하고 끊임없이 이리저리 관심이 옮겨 다닌다.

특히 과잉행동과 충동성이 두드러지게 많아지면 가만히 앉아 있거나 순서와 규칙을 지키는 일이 어려워진다. 또 '발에 모터가 달린 것처럼' 끊임없이 움직일 때도 많다. 반대로 충동성이 적은 경우라면 조용히 다른 행동에 빠지는 경우가 많다.

문제행동 다루는 기본 원칙

사람은 누구나 긍정적인 것보다는 부정적인 것에 민감하다. 열 명이 나를 좋아해도 한 명이 나를 싫어하면 그 한 명이 신경 쓰이기 마련이다. 부모가 아이의 문제행동에 휘말리는 것도 같은 이치다.

부모들은 보편적으로 아이의 문제행동에 더 민감하고 아이의 바람직한 행동은 당연하게 여기거나 주의 깊게 살피지 않는다. 반면에 문제행동이 나타나면 그것만 도드라져 보여서 굉장히 예민하게 대응한다. 부모는 계속 아이에게 지시를 내리고 야단을 친다. 그러면 그럴수록 아이 입장에서는 부모의 지시가 끊임없이 반복해서 들리는데, 어느 순간부터는 지시가 익숙해져서 귀에 잘 들어오지 않게 되어 오히려 반응이 둔감해진다.

이런 아이의 행동에 부모가 또 야단을 치면 아이는 자신의 행동에 대해 영문도 모르고 혼난다고 생각하고 이제 반항하거나 도망을 간다. 부모든 아이든 이 상황이 즐겁지 않다. 이것이 문제행동에 집중할 때 발생하는 악순환의 고리다.

아이의 문제행동을 다룰 때 원칙 중 하나는 '문제행동에 집중하지 않기'다. 오해는 말자. 아이의 문제행동을 방치하거나 못 본 척하라는 뜻이 아니다. 문제행동에 집중하면 부모의 양육 태도와 생각이 악순환의 고리에 빠진다는 뜻이다.

양육 태도와 생각을 선순환시키자. 문제행동보다는 바람직한 행동에 집중한다. 아이가 잘했을 때 칭찬하고 강화하는 일에 더 많은 시간을 쏟는다. 아이의 표정을 살펴보라. 부모와 함께 있을 때 아이가 미소를 띠면서 즐겁게 놀고 있는가? 아이가 강화를 받기 위해 뭔가 애쓰는 모습이 보이는가? 아이의 표정을 보면 부모가 잘하고 있는지를 알 수 있다. 아이의 문제행동을 줄이는 방법은 문제행동에 집중해서 없애려고 노력하는 것이 아니라, 바람직하고 좋은 행동을 늘림으로써 문제행동을 대체하게 만드는 방법이다.

야단치거나 혼내는 방법은 아이의 문제행동을 없애는 데 전혀 효과가 없다는 것이 연구에서 밝혀졌다. 여기서 혼을 낸다는 것은 체벌만을 얘기하지 않는다. 20~30분 동안 벽을

체벌이 효과 없는 이유

보고 서 있게 하거나 소위 '생각하는 의자'에 앉아 있게 하는 것, '안 돼'라며 무조건 금지하는 것, 아이가 좋아하는 물건이나 활동을 빼앗는 것, 큰 소리로 야단을 치고 겁을 주는 것 등을 말한다. 아이를 혼내면 그때만 잠시 행동을 멈출 뿐, 시간이 지나고 나면 도로 제자리가 된다. 왜 그럴까? 아이 상황에서 생각해보자. 어떤 행동에 대해 제지를 받고 마음은 상했

✗ 문제행동에 집중한다

○ 바람직한 행동에 집중한다

바람직한 행동은 주의 깊게 살피지 않고 문제행동에 예민하게 대응한다

아이가 잘했을 때 칭찬하고 강화하는 일에 더 많은 시간을 쏟는다

체벌을 남발하게 되면

지만, 그 행동을 어떻게 고쳐야 하는지 구체적으로 배운 적도 없다. 그 행동에 대해 칭찬을 받아 동기 부여가 된 경험도 없다.

그런데도 부모가 자꾸 혼을 내는 것은 결국 아이가 아닌 부모를 기준에 놓았기 때문이다. 혼을 내면 잠시 아이의 행동이 나타나지 않게 되고, 그동안은 부모가 잠시 편해서다.

그렇다면 아이를 절대 혼내면 안 되는 것인가? 그렇지 않다. 그 행동이 아이 자신이나 타인의 신체에 위험을 가하거나 재산상의 커다란 피해를 초래할 수 있다면 혼을 내서라도 금지해야 한다. 물론 아이를 체벌하라는 뜻은 아니다. 하지만 모든 방법을 써도 아이의 행동이 수정되지 않으면 체벌을 동원해야 할지 모른다.

만약 체벌을 해야 한다면 아이가 다시는 그런 행동을 할 엄두를 내지 못할 정도로 어마어마하게 혼내야 한다. 적당하게 혼내서는 절대 안 된다.

그러니 체벌을 함부로 남발하면 안 된다. 당연히 그러면 안 되고 그럴 수도 없지만, 만약 체벌을 남발하면 얼마 못 가서 그 체벌은 아이에게 아무런 경고가 되지 못할 것이다. 아이가 체벌에 익숙해지거나 둔감해질 수 있기 때문이다. 반대로 부모에게 반항하거나 도망갈 수도 있다.

문제행동 예방하기

보편적으로 문제행동이 발생하면 이에 효과적으로 대처하는 방법을 고민하기 마련이다. 그러나 최근 ABA의 방향은 문제행동에 대한 사후적인(결과) 대응보다는, 문제행동이 일어나는 환경을 미리 정리하여 이를 예방하는 방법에 집중하고 있다. **아이의 문제행동을 줄이는 바람직한 방법으로 미리 문제행동이 일어날 상황을 예방해보자.**

아이가 너무 간식을 많이 먹는가? 간식을 보이지 않는 곳에 넣고 잠가두자. 아이가 냉장고를 자꾸 여는가? 잠금장치를 해서 열리지 않게 한다. 혹은 냉장고에 아이가 좋아할 만한 간식을 넣어두지 않는다. 벽에 낙서하는가? 필기도구를 미리 다 치워버린다. 휴대전화를 빼앗기지 않으려고 하는가? 휴대전화를 진동으로 두고 아이가 없는 곳에서만 통화한다.

이렇게 상황을 미리 치워두는 것이 과연 근본적인 해결책이 될 수 있을까 궁금할 것이다. 오히려 아이의 눈치를 보는 셈이 아니냐고 생각할 수도 있다. 하지만 그렇지 않다. 아이가 행동 자체를 시도할 기회조차 없애면 처음부터 성공의 경험을 맛볼 수 없으므로 점차 그 행동에 대한 동기가 사라지게 된다. 즉, 학습의 원리를 역이용하는 것이다. 이렇게 물리적으로 환경을 미리 준비해두는 방법은 최근 ABA가 집중하는 방향이기도 하다.

간식이 식탁 위에 있는데 아이에게 먹지 말라고 금지하는 것은 좋지 않다. 아이가 좋아하는 간식이 뻔히 냉장고 안에 있는데 냉장고 문을 연다고 혼내고, 집 안 구석구석에 온갖 필기도구가 굴러다니는데도 벽에 낙서하지 말라는 잔소리만 끊임없이 하고, 아무렇게나 올려둔 휴대전화를 아이가 마음대로 가져가는 바람에 이를 돌려받기 위해 실랑이를 하는 것은 문제행동을 없애는 과정이 아니라 오히려 아이의 동기를 더 강하게 만드는 과정이다.

문제행동도 반복하면 학습이 된다. 냉장고를 비우고, 필기도구를 치우고, 휴대전화를 잘 간수하는 것이 더 중요하다. 엄마 가방에서 슬쩍 휴대전화를 꺼내 가는 것을 보고도 아

문제행동 반복할 때 대처법

무런 조치를 하지 않는 것은 아이에게 문제행동을 연습시키는 것과 같다. 마트에 데리고 간 아이에게 아무것도 사주지 않으면서 통로에 보이는 온갖 매혹적인 장난감을 눈으로만 보게 하는 것은 고문에 가깝다. 그러느니 차라리 아이를 마트에 데리고 가지 않는 것이 낫다.

✗ 문제행동이 일어나는 상황

냉장고를 연다고 혼을 내는 것은 오히려 아이의 동기를 더 강하게 만든다

○ 문제행동을 미리 막는 상황

냉장고에 잠금장치를 해서 열리지 않게 하고 관심사를 다른 곳으로 돌린다

올바르게 지시하는 방법

일반 아동을 양육하는 방법 중에는 의문형으로 지시를 내리는 방법이 있다.

"앉아주겠니?"라든가 "앉는 건 어때?" 같은 말투는 아이에게 선택권을 줌으로써 자발성을 키워주고 아이를 존중하는 방법이다.

하지만 이 방법은 자폐 아동에게는 적절하지 않다. 물론 자폐 아동을 존중하지 않거나 자발성을 무시해서가 아니다. 의문형 지시를 피하는 것은 지시를 '명확'하게 만들기 위해서다.

아이가 부모의 지시를 잘 알아듣게 하려면 '화법'보다는 '명확성'에 신경을 써야 한다. 아이가 엄마의 지시를 잘 이해하려면 지시어는 다정하면서도 엄격해야 한다. 이때 엄격하다는 것이 엄하거나 무서워야 한다는 것이 아니라 정확하고 철저해야 한다는 뜻이다. 게다가 만약 "앉아볼까?"라는 지시에 아이가 "싫어!"라고 응답하면 어떨까? 상황은 더욱 악화할 것이다. 아이 뜻대로 하자니 버릇이 나빠질 것이고, 엄마 뜻대로 하자니 아이 선택을 무시한 강요가 될 것이다.

반드시 해야 할 무엇인가를 지시할 때는 의문형을 피하자. 그냥 명령이나 지시를 하자. 대신 말투를 바꾼다. 아이에게 존댓말을 써보자. "앉으세요~"라고 하면 부모의 명령조가 훨씬 부드러워진다.

또는 청유형이나 미래형으로 말하는 것도 좋다. "이제 앉읍시다~"라든가 "우리 앉을 거야"라고 단정적으로 말하면서 행동을 취하면 좀 더 쉬워질 수 있다.

여기서 주의할 사항은 지시어는 최대한 긍정적인 말을 사용한다는 것이다. 보통 엄마들은 "~하면 안 돼!", "~하지 마!" 등의 금지어를 굉장히 많이 사용한다. 이런 금지어를 반복해서 자주 들으면 아이들은 끊임없이 좌절을 느낀다. 원하는 것을 얻을 수 없는 것은 물론이고, 부정적인 말에는 아무런 교육적인 방향이 들어 있지 않기 때문이다. 그래서 어떤 자폐 아동은 "안 돼"라는 한마디에 무시무시한 탠트럼을 일으키기도 한다.

반드시 해야 할 것을 지시할 때

반드시 해야 할 무엇인가를 지시할 때는 의문형은 피하고, 그냥 명령이나 지시를 한다

아이에게 지시할 때는 존댓말 명령조 또는 청유형이나 미래형으로 말하는 것도 좋다

긍정 지시 원칙의 기본은 금지하는 행동을 대체하는, 즉 '대안이 될 수 있는 행동'을 언급하는 것이다. "뛰면 안 돼!" 말하기보다 "살살 걸어요"라고 말한다. "던지지 마!"보다는 "손에 들고 있어요"라고 지시한다. 이렇게 긍정 지시를 반복하면 아이는 어떤 상황에서 어떻게 행동해야 하는지를 구체적으로 머릿속에 저장할 수 있다. 또 엄마 입장에서는 아이를 강화할 행동의 기준을 쉽게 정할 수 있다.

물론 갑자기 아이가 위험한 행동을 하는데도 태연하게 긍정적인 말투로 지시를 내리라는 뜻이 아니다. 위험을 모르고 차도에 뛰어드는 아이에게 "안 돼!"라는 말 대신 "인도에 서 있어요!"라고 말하는 강심장 부모는 없을 것이다. 절대 해서는 안 되는 위험한 행동은 당연히 혼을 내고 금지해서라도 가르쳐야 한다. 그러나 이렇게 혼내는 방법이 통하려면 평소에 긍정 지시어로 가르치는 것이 선행되어야 한다. 부정 지시어나 혼내는 말투가 일상이 된 상황이면 정작 필요할 때는 아무런 효과를 내지 못한다.

부정 지시어의 예시 ✖

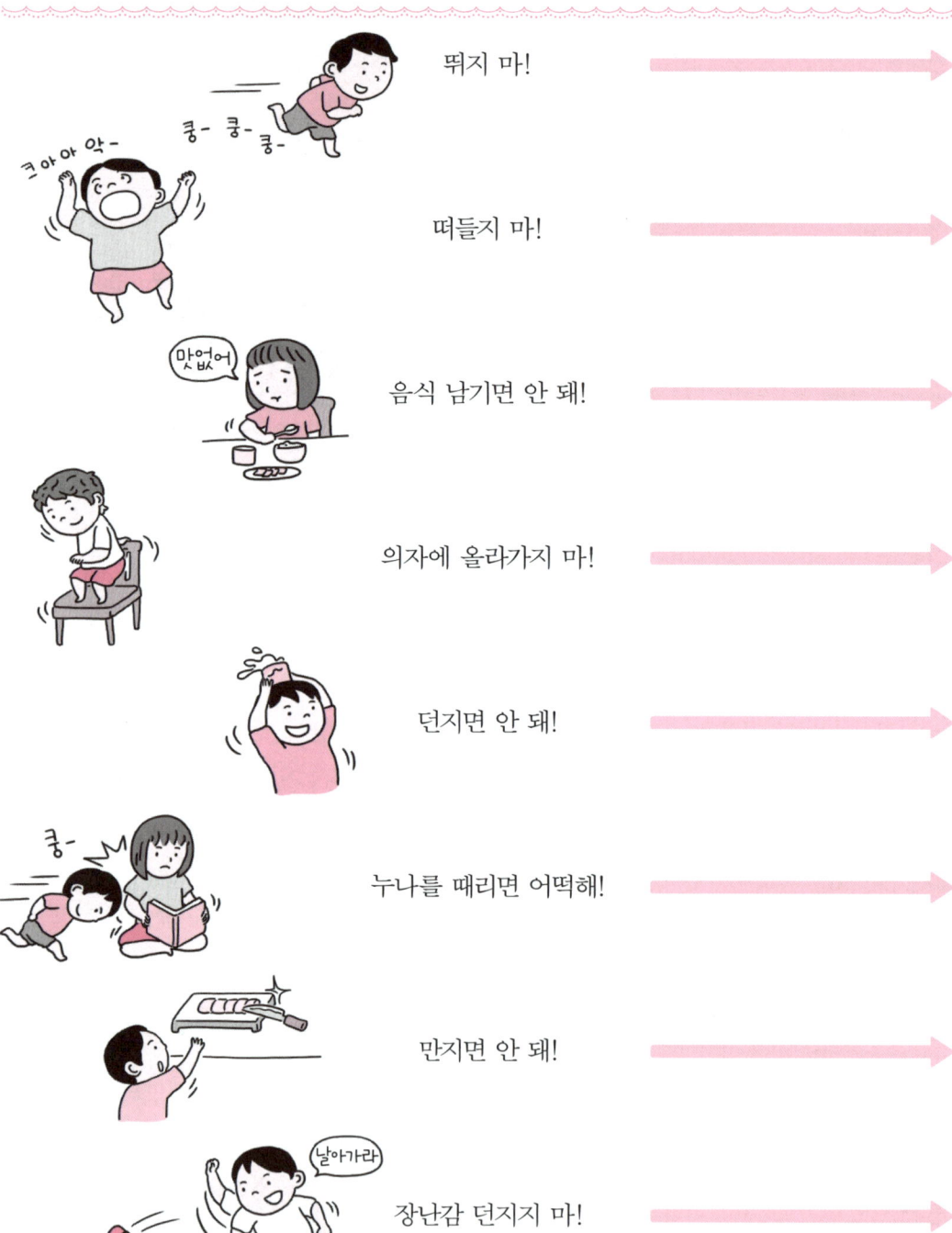

뛰지 마!

떠들지 마!

음식 남기면 안 돼!

의자에 올라가지 마!

던지면 안 돼!

누나를 때리면 어떡해!

만지면 안 돼!

장난감 던지지 마!

⭕ 긍정 지시어의 예시

→ 천천히 걸어요

→ 조용히 해요

→ 끝까지 잘 먹어요

→ 의자는 앉는 거예요

→ 손에 들고 있어요

→ 누나랑 사이좋게 놀아요

→ 눈으로만 봐요

→ 제자리에 둬요 / 상자에 담아요

의사 물어볼 때 반발 줄이는 법

보통 18개월쯤 되면 아이들은 두 단어를 조합해서 말하게 되는데, 이때부터 부정어를 사용한다. 이 무렵 부정어는 대부분 무조건 단어 앞에 '안'을 붙여 말하는 방식이다. "안 해", "안 먹어", "안 가" 등과 같은 표현을 쓰다 보니 때로는 "안 밥 먹어", "안 장난감 사"처럼 비문에 가까운 말을 사용하기도 한다. 만 3세 무렵이 되면 무조건 '싫어'라는 말을 사용하는 시기가 온다. "간식 먹을까?" "싫어!", "음악 들을까?" "싫어!", "이거 줄까?" "싫어!", "저거 줄까?" "싫어!"

이렇게 아이의 의사를 묻다 보면 통제권과 주도권이 아이에게 저절로 넘어간다. 자폐 아동한테도 비슷한 현상이 일어난다. 그럴 때 **아이에게 지시를 내리거나 뭔가를 권유하면서도 아이의 반발을 줄일 방법이 있다. 바로 아이에게 '선택권을 주는 것'이다.**

아이에게 권하고 싶은 물건이나 활동을 두 개 제시한다. 아이에게 밥 먹이려 할 때 "이제 밥 먹을 시간이야~ 식탁에 앉아~"라는 지시를 아이가 거부하면 이렇게 물어보자.

"너 여기에서 먹을래, 저기에서 먹을래?" "엄마랑 먹을래, 아빠랑 먹을래?" "지금 먹을래, 5분 뒤에 먹을래?"

다른 상황에도 비슷하게 적용할 수 있다. 만약 그림을 그리는 아이의 색연필이 다 닳아서 나오지 않는데, 아이가 여전히 그것으로 그림을 그리고 있는가? 그렇다면 아이 손에서 색연필을 빼앗고 새것으로 바꿔주지 말고, 아이에게 다른 색연필 두 개를 보여주면서 물어보자. "우와, 색연필 예쁘다. 둘 중에 어떤 걸로 바꿔볼래?"

아이가 둘 중 하나를 선택하면 성공이다. 공부를 시킬 때도 무작정 그림을 그리거나 책을 보라고 지시하기보다는 "그림 그릴래, 책 볼래?"와 같이 선택지를 주면 둘 중 하나를 택할 가능성이 있다.

물론 이 전략이 항상 성공하는 것은 아니다. 아이가 두 선택지를 모두 거부한다면 일단 이 방법은 실패한 것이다. 그럴 때는 아이를 그냥 두면 된다. 굳이 다시 물어보면서 둘 중 하나를 반드시 선택하게 할 필요도 없다. 다른 선택지를 만들어 새로 내밀 필요도 없다. 여기

선택권 주는 방법

서 핵심은, 아이에게 뭔가를 지시할 때 부모의 주도로 아이에게 일방적인 지시나 강요를 하는 것이 아니라 아이의 자기의사결정을 유도하는 것에 있다.

> **잠깐! TIP**
>
> ### 아이가 좋아하는 아이템 찾기
>
> '선택하기'는 아이의 강화물을 찾을 때도 유용하게 사용할 수 있다. 아이가 좋아할 만한 이런저런 아이템들을 제시하여 테스트해보는 방법이다. 이때 주의할 점은 아이템을 하나씩 제시하지 않는 것이다. "너 이거 좋아?" "네", "싫어?" "네", "싫어, 좋아?" "네" 등 아이의 의사 표현이 불분명할 수 있기 때문이다. 아이템을 제시할 때는 한 번에 두 개씩 제시한다. 대부분의 경우 아이는 둘 중 하나를 고르기 마련이다. 그리고 아이가 선택한 아이템은 더 효과적인 강화물이 된다. 심지어 아이가 선택한 아이템끼리 계속 테스트를 반복하면 강화물 간의 선호도를 매길 수 있다.

떼쓰는 아이 다루는 방법

아이가 떼를 쓸 때 흔히 목격되는 자세가 있다. 엄마가 아이의 손을 잡고 가자고 당기는 모습이다. 아이는 엄마 손을 뿌리치기도 하고, 잡힌 손을 빼려고 뒤로 반쯤 누워 힘을 쓰기도 하고, 급기야는 바닥에 벌러덩 드러눕는다.

이 상황이 반복되면 아이는 이 자세가 학습되어, 엄마가 손을 잡으면 저절로 뒤로 누우며 저항한다. 아이가 어리면 그나마 괜찮지만, 점점 나이를 먹을수록 엄마가 힘으로 아이를 통제하기가 어려워진다.

떼쓰는 아이를 다루는 요령을 배워보자. 아이가 저항할 때는 되도록 손을 잡지 않는다. 아이가 누워버리면 손을 놓고 그냥 내버려 둔다. 아이를 붙잡고 억지로 일으키려 하지 말고 그냥 기다린다. 손을 잡을수록 아이는 더 격렬하게 저항하기 마련이고 그럴수록 아이를 잡아당기기가 힘에 부친다. 혹시 손을 놓으면 도망가는 아이인가? 그럼 손만 꼭 잡는다. 아이가 누우면 눕는 대로, 서면 서는 대로, 아이의 행동을 제지하지 않는 범위에서 아이의 손을 놓치지만 않으면 된다.

이것은 앞서 배웠던 무반응 전략의 일종으로, 아이의 떼쓰는 행동이 아무런 소용도 없게 만드는 절차다. 물론 이 방법은 실천이 어려울 수 있다. 주변의 시선이 따갑기도 하고, 약속 시간이 촉박해서 아이를 무작정 기다려줄 수도 없다. 하지만 이 방법을 포기해서는 안 된다. 그러므로 이 전략을 사용하려면 반드시 시간적 여유를 고려해야 한다. 바닥을 뒹구는 일이 빈번한 아동일수록 더욱 그렇다. **시간에 쫓겨 아이를 억지로 잡아끌고 다니는 일이 반복되면 아이는 도피와 실랑이를 체득하게 되어, 어느 순간 이것이 기본적인 행동 양식이 되어버린다.**

만일 힘으로 제어가 된다면, 아이가 저항할 때 아이의 앞이 아니라 뒤에 선다. 그리고 아이의 어깨나 양팔, 또는 양쪽 겨드랑이에 손을 넣고 잡는다. 엄마가 아이 뒤에 있으므로 아이가 발라당 눕더라도 몸으로 제지하는 것이 훨씬 수월해진다. 또 아이의 시각에서는 자기를 끌고 가는 사람이 보이지 않으니 스스로 걷고 있다고 생각할 수 있다.

아이가 격렬하게 저항할 때

항상 최악의 경우는 아이와 맞서는 것이라는 걸 기억하자. 어린아이의 행동을 통제할 수 없다면 나이를 먹고 덩치가 커진 아이를 통제하는 것은 늙어가는 부모에게는 불가능한 일이 된다.

올바른 타임-아웃 방법

ABA와 관련되어 가장 잘못 알려진 기법 중 하나가 타임-아웃(time-out)이다. 일반적으로 타임-아웃이란 아이가 문제행동을 일으킬 때 아이를 의자에 앉히거나 다른 방에 혼자 둠으로써 아이를 '벌주는' 방법이라고 알고 있다. 이 방법은 타임-아웃이 아니다.

타임-아웃이란 '타임-인(time-in)'의 반대말이다. 타임-인이란 아동이 강화를 받는 즐거운 환경을 말한다. 그래서 아동을 타임-아웃시키면 자신이 좋아하는 강화를 더 이상 받을 수 없기에 다시 타임-인 환경으로 돌아가고 싶어서 문제행동을 중단한다는 것이 타임-아웃의 핵심이다.

예를 들어, 아이가 TV를 좋아하고, 문제행동이 손가락 빨기라고 가정하자. 이때 타임-아웃을 어떻게 적용할까? 아이가 TV를 보다가 손가락을 빨면 엄마가 즉시 (아이 모르게) 리모컨으로 TV를 끈다. 아이가 어리둥절해하면서 손가락 빨기를 멈추면 다시 즉각 TV를 켜준다. 이걸 반복하면 아이가 이 관계를 눈치챌 것이다. 그리고 스스로 손가락을 빨지 않으려고 애를 쓸 것이다. TV가 아이에게 타임-인 환경이고, 손가락을 빨아서 TV가 꺼지는 것이 바로 강화가 사라지는 타임-아웃이다.

다른 예를 보자. 놀이 시간에 즐거운 게임을 하는데 아동이 문제행동을 일으키자 선생이 아이를 방 모서리에 세워두고, 게임을 지켜보지만 참여는 못 하게 한다. 아동은 게임으로 돌아오고 싶어 한다. 잠시 후 선생이 아이를 다시 게임에 끼워준다. 이때 게임은 타임-인 환경, 게임에서 배제하는 것은 타임-아웃이 된다.

이처럼 타임-아웃은 타임-인 환경이 반드시 전제되어야 한다. **타임-아웃을 시키려면 무엇보다 아이가 즐겁게 참여할 수 있는 타임-인 환경을 먼저 조성하는 것이 필수다.** 그리고 타임-아웃은 경고의 역할만 할 뿐이다. 그래서 보통 타임-아웃은 2~3분, 길어봐야 5분을 넘지 않는다. 만약 잘못된 행동에 대해 아이를 오랫동안 분리하기만 한다면 그것은 타임-아웃이 아니라 말 그대로 혐오자극이자 벌이 된다.

타임-아웃과 타임-인

ABA에서는 올바른 절차로 진행된 타임-아웃조차 비윤리적이라는 이유로 별로 권장하지 않는다. 만약 타임-아웃을 쓸 수밖에 없을 때는 효과를 높이기 위해 여러 장치를 만들어둔다. 어떤 행동을 저지르면 타임-아웃을 당하는지, 또 어떻게 하면 타임-아웃에서 빠져나올 수 있는지, 타임-아웃을 어떤 형태로 얼마나 오래 할지에 대해서도 미리 정의해둔다. 또 타임-아웃이 끝나고 타임-인 환경으로 돌아오면 그 즉시 강화를 제공해서 타임-아웃에 대한 효과를 극대화한다.

아이가 문제행동을 일으키고 탠트럼을 보이는가?
그럼 타임-아웃을 할 것이 아니라 아이를 진정시켜야 한다. 간혹 아이의 문제행동이 극심하거나 탠트럼이 심할 때 아이를 의자에 앉히거나 다른 공간에 잠시 두는 경우가 있다. 이것은 타임-아웃이 아니라 아이가 안정할 수 있도록 기다려주는 일종의 '심리 안정' 절차다. 이 절차에서는 아이의 안전을 위해 보호자가 같은 공간에 머물면서 아이를 보호하는 것이 원칙이다. 그리고 사실 아이가 탠트럼을 나타내는 순간에 정말 진정해야 할 대상은 아이가 아니라 부모인 경우가 더 많다. 아이가 극심한 문제행동이나 탠트럼을 나타낼 때 덩달아 소리 지르고 당황하지 않도록 주의하고, 우선 심호흡을 하면서 차분하게 상황에 대응하도록 노력한다.

탠트럼(분노발작)에 대처하는 법

흔히 짜증, 떼 부리기, 울화 등으로 번역되는 탠트럼(tantrum 또는 temper tantrum)은 일반 아동에게도 흔히 일어나는 것으로, 보통 자신이 원하는 것을 얻지 못하거나 금지를 당하면 일어난다. 2~4세 아이 중 50~80퍼센트가 일주일 1회 이상 떼를 쓰고 심지어 20퍼센트 정도는 거의 매일 떼를 쓴다는 연구 결과도 있다. 징징대기, 울기, 소리 지르기, 바닥에 뒹굴기 등 형태로 나타나는 탠트럼은 모든 부모들에게 어려운 숙제다. 사실 탠트럼은 보통 목적 지향적이므로, 본인이 원하는 것을 얻으면 금방 사라지는 편이고, 성장하면서 자신의 생각을 스스로 표현할 수 있게 되면 점차 빈도와 강도가 감소한다.

그러나 같은 탠트럼이라도 자폐 아동은 약간 다르다. 일단 탠트럼의 양상이 훨씬 극심하다.

탠트럼은 자폐 아동 경우 일반 아동과 달리
의사소통 능력의 결여가 자리 잡고 있어서 그 양상이 훨씬 극심하다

바탕에 의사소통 능력 결여가 자리 잡고 있기 때문이다. 일반 아동이라면 자신이 원하는 것을 달라고 표현할 수도 있고, 뭔가를 제지당했을 때 어른으로부터 사전 예고나 금지의 이유를 들을 수 있지만, 자폐 아동은 원하는 것을 자유롭게 표현할 수 없고, 자신이 뭔가를 제지당하는 이유도 잘 이해하지 못한다. 그래서 자폐 아동이 절망감으로 인해 나타내는 극심한 탠트럼을 '분노발작'이라고 표현하기도 한다.

한편 탠트럼과 비슷해 보이지만 조금 다른 형태로 멜트다운(meltdown, 흔히 심리탈진으로 번역)이 있다. 이것은 떼쓰기와 달리 압도적인 감정, 감각, 정보가 밀려 들어와 이를 제어할 수 없어서 나타나는 감정적 폭주다.

탠트럼에서 시작한 감정이 멜트다운으로 넘어오는 경우도 있다. 또 예상 못 한 일이 너무 많이 발생하거나, 감각이 임계점을 넘어서 과부하가 걸렸을 때도 멜트다운이 일어난다. 멜트다운은 보통 떼쓰기와 유사하게 울기, 소리 지르기, 반항, 자해, 공격성을 보인다. 주변인의 중재가 전혀 소용이 없고 심할 경우 수십 분에서 몇 시간까지 지속되기도 한다. 떼쓰기는 옆에 누군가 떼쓰기를 들어줄 사람이 필요하지만, 멜트다운은 혼자 있을 때도 일어날 수 있다.

탠트럼과 멜트다운의 미묘한 차이를 가장 잘 구분할 수 있는 사람 중 하나가 부모다. 따라서 각각의 상황에서 대처하는 법을 숙지하여 대응하는 것이 무엇보다 중요하다.

다음은 탠트럼과 멜트다운에 대처하는 방법이다.

첫째, 탠트럼과 멜트다운의 공통 사항

- 부모의 행동과 말이 아이의 탠트럼과 멜트다운의 원인이 될 수 있다는 점을 인식한다. 부모 스스로 자신의 행동과 말투를 항상 점검한다.
- 차분하고 일관되게 반응한다. 부모가 흥분하는 순간 모든 것이 망가진다.
- 아이를 신체적으로 제지하거나 물리적으로 벌하는 것, '안 돼'라는 말을 반복하면서 밀어붙이는 것은 별 효과가 없으므로 사용하지 않는다.

- 자해 등 위험한 상황이 발생할 수 있으므로 아이의 안전에 유의한다. 반대로 심각한 공격 행동 등이 나타날 때는 자리를 피하는 등 부모의 안전에도 유의한다.
- 상황을 전환할 방법이나 절차를 사전에 만들어놓는다. 활용 가능한 다른 강화물을 제공하거나 화제를 돌리는 등의 방법이다. 이는 아이에게 굴복하는 것이 아니라 아이 스스로 좀 더 바람직한 선택을 하도록 돕는 과정이다.
- 아이 스스로 감정을 다스릴 방법을 평소에 가르친다. 심호흡하기, 물 마시기, 숫자 세기 등 흔히 알고 있는 기존의 방법들이다.
- 정도가 극심할 경우 약물 치료를 고려하고 전문가의 도움을 구한다.

탠트럼이 일어났을 때 부모가 흥분하는 순간 모든 것이 망가지므로, 최대한 차분하고 일관되게 반응한다

둘째, 탠트럼

- 무반응 전략을 사용한다. 아이에게 잘못된 방법으로는 원하는 것을 얻을 수 없다는 것을 가르쳐야 한다.
- 탠트럼의 원인이 될 만한 관심거리 등을 미리 치운다. 또는 부모의 통제 속에 아이가 원하는 것을 먼저 제공한다.

- 아이가 차분하게 요구 사항을 표현하도록 가르친다. 말을 못 하면 몸짓, 수어, 그림 등 가능한 모든 방법을 동원한다.

셋째, 멜트다운

- 상황이 발생하는 순간 말 걸기, 잔소리, 요구, 지시, 권유 등 아이에게 주어진 모든 자극을 중단한다. 심지어 칭찬하는 말조차 멈춘다. 또한 주변 소음이나 조명, 낯선 사람, 진동 등 의심될 만한 자극물도 점검한다.
- 아이가 감정을 퍼부을 수 있는 공간이나 활동을 만들어두고 이를 유도한다. 어떤 아이는 욕조 안에 들어가고, 어떤 아이는 펀치볼을 두드리고, 또 어떤 아이는 베개나 이불을 붙잡고 둘둘 말기도 한다.
- 모든 것이 통하지 않는다면, 안전이 보장되는 전제로 아이를 그대로 둔다. 대신 상황이 종료될 때까지 아이를 존중하는 마음으로 대한다.
- 평소에 활동적이고 감각적인 놀이를 지속해서 제공한다. 감정과 감각의 발산이 향후의 멜트다운을 예방할 수 있다.

ABA는 기록의 학문!

ABA는 기록의 학문이다. 끊임없이 아이의 행동을 기록하고 그 데이터를 근거로 치료의 효과성을 검토하거나 프로그램을 선택하고 수정한다. 뭐가 되었든 ABA는 무조건 기록을 남기고 데이터화한다. 이렇게 남겨둔 데이터를 들여다보면서 분석하면 어느 순간 행동의 패턴이 보이고 행동의 인과관계가 보인다. 그래서 이 학문의 이름이 '행동분석'이다.

ABA를 공부하려면 기록하는 방법도 따로 배워야 한다. 행동의 횟수를 적기도 하고, 행동이 나타나는 형태를 묘사하기도 하고, 행동에 영향을 끼쳤을지도 모를 주변 상황까지 세밀히 기록에 남긴다. 하지만 이 책이 ABA에 대해 알려드린다고 해서 이런 전문적인 기록법까지 자세히 알려드릴 수는 없다. 그리고 요즘 같은 정보통신 시대에 일일이 손으로 노트에 적을 필요도 없다. 더 좋은 방법이 있다.

동영상으로 촬영하자. 사진 촬영이 아니다. 특히 요즘 휴대전화가 손안의 캠코더 역할을 충실히 해내고 있다. 용량이 꽉 차면 컴퓨터에 옮겨두고 잘 보관해놓는다. 날짜별로 폴더를 만들어 정리해두면 더 일목요연하다. 아이의 예쁜 모습만 남기지 말자. **아이가 잘하든 못 하**

문제행동이 발생할 때마다 해당 부분의 녹화 분량을 따로 저장해두면 된다

찍고 또 찍고 많이 촬영하기

든 상관없이 모든 것을 촬영한다. 되도록 많이 촬영한다. 특히 아이의 문제행동이 있을 때는 더 오랫동안 촬영을 해서 기록을 남겨야 한다. 문제행동만을 부각해서 찍는 것이 아니라 그 전 상황은 어떤지, 문제행동 이후에 어떻게 아이가 행동하는지 등을 길게 기록하면 더욱 좋다. 아이의 문제행동이 너무나도 순식간에 발생해서 휴대전화나 캠코더로 기록하는 것이 어렵다면 CCTV를 집 안에 달아두고 상시 녹화하는 것도 좋은 방법이다.

나중에 문제행동이 발생할 때마다 해당 부분의 녹화 분량만을 따로 저장해두면 된다. 어떤 일이든 지나가 버리면 나중에 머릿속에서 기억해내기 어렵다. 사람의 기억력은 믿을 수 없다. 그러므로 계속 찍고 촬영한다. 많이 찍는다. 그럼 문제행동이 언제, 어떤 상황에서 일어나는지 알고 싶을 때 그동안 찍어둔 비디오들이 좋은 자료가 될 것이다.

아이에게 아무런 문제가 없다고 촬영을 중단하지 말자. 계속 찍어두자. 그럼 먼 훗날, 아이의 모습을 보며 저런 순간도 있었지, 하며 흐뭇해하는 때가 온다.

잠깐! TIP

동영상 촬영이 필요한 이유

특수학교 컨설팅 때 경험이다. 의뢰받은 학생의 문제행동을 이해하려면 행동뿐만 아니라 그 앞뒤로 벌어진 상황도 필요하므로 이를 자세히 기록해달라고 부탁했다. 슬프게도, 돌아온 기록지에는 앞뒤 상황은 하나도 없었다. 아이의 문제행동에 대한 자세한 묘사와 함께, 주변 인물들이 얼마나 괴롭고 힘들었는지만 기록되어 있었다.

사실 학교라는 환경에서는 동영상 촬영이 법적으로 불가능하다. 그러다 보니 끊임없이 학생을 주시하지 않는 한, 문제행동의 직전 상황을 완벽하게 파악하기는 어렵다. 또한 문제행동에 대응한 당사자가 직후 상황을 객관적으로 진술하기도 쉽지 않다. 바로 이 점이 역설적으로 동영상 촬영이 필요한 이유다. 만일 동영상 촬영이 어렵다면 문제행동을 기록할 때 마치 동영상을 보는 것처럼 생생하고 자세하게 한다.

신체 발달에 신경 써야 하는 이유

PART III 전문가 실전 노하우

자폐 등 발달장애가 있는 아동들에게는 공통으로 언어, 인지, 감각, 행동 등 영역에서 결함이 나타난다. 많은 부모가 이와 직접 연관된 분야의 치료를 많이 찾는다. 언어재활, 인지교육, 감각통합치료, ABA 등이 바로 그 예다. 하지만 신체 발달이 인지 발달에 영향을 끼치는 것은 발달장애 아동도 마찬가지다.

자폐 아동에게도 신체 발달을 위한 다양한 활동이 필요하다. 가능하면 신체놀이가 가능한 키즈카페나 실내 놀이 시설을 종종 방문해서 정글짐, 트램펄린 등 다양한 놀이를 즐기고 뛰어놀게 하면 좋다. 아이가 크게 거부하지 않는다면 동네 놀이터에서도 엄마나 가족과 함께 미끄럼틀, 그네, 시소 등을 이용하여 즐겁게 활동할 수 있다.

치료 서비스를 선택할 때 운동과 관련된 것도 고려해보자. 이러한 치료 서비스의 명칭은 보통 심리 운동이나 특수체육이라는 이름으로 시행된다. 형태도 굉장히 다양하다.

[운동은 꾸준하게]

운동과 체육은 신체 활동을 통해 에너지를 발산할 기회를 주고, 신체 기관과 협응, 걸음걸이와 자세 교정, 체력 단련과 같은 효과까지 덤으로 부여한다

사회성을 기르는 훈련

체육관에서 매트나 스포츠콘만으로 즐겁게 놀게 하는 경우도 있고, 짐볼이나 트램펄린, 볼풀 등 각종 기구를 이용하는 경우도 있다.

아이가 많이 어리면 달리기나 점프놀이와 같은 기초적인 프로그램으로 시작한다. 조금 더 발전하면 매트를 이용한 구르기나 기구를 이용한 매달리기와 오르기 등의 프로그램을 시도한다. 학령기 아동은 점차 수영, 스케이트처럼 개인 종목으로 진행한다. 줄넘기, 줄다리기와 같은 간단한 종목 운동부터 축구, 농구 등 그룹 형태로 공을 발로 차고 손으로 던지고 받는 프로그램도 있다.

운동과 체육에 참여하는 일이 중요한 또 하나의 이유는 사회성과 관련된 훈련을 받는 기회가 된다는 점이다. 친구들과 함께 질서를 지키고, 자신의 차례를 기다리며, 뭔가 주고받아야 하는 과정에서 상호성을 배울 수 있고, 공동의 목표를 위해 같이 노력하는 과정에서 협업을 배울 수 있다.

특히 특정한 신체적 감각 자극을 끊임없이 추구하는 자폐 아동은 운동과 체육 시간 중 신체 활동을 통해 에너지를 발산할 기회를 얻기도 한다. 더구나 신체 기관과 협응, 걸음걸이와 자세 교정, 체력 단련과 같은 효과까지 덤으로 얻는다. 따라서 아이가 커서 학령기에 접어들더라도 운동과 관련된 활동은 꾸준히 지속할 것을 권한다.

치료실 선택할 때 유의 사항

자폐라는 절망, 고통, 공포가 치료의 약속과 희망을 만나는 순간, 부모는 무엇이든 쉽게 믿는다. 이성보다는 감성에 더 잘 설득당하고, 편안함과 희망을 안겨주는 이는 누구라도 기꺼이 신뢰한다. 아이를 획기적으로 호전시킬 수 있다는 말은 종교가 된다. 그리고 이 무분별한 맹신을 '열린 마음으로 모든 가능성을 열어두어야 한다'는 메시지에 잘 감춰둔다.

좋은 치료, 좋은 치료실에 대해 마음을 여는 것은 당연한 일이다. 그러나 마땅히 갈 만한 기관이 없거나 대기가 길어 빈자리가 없는 상황에서는 그럴듯한 슬로건과 마케팅을 펼치는 기관들에 현혹되기 쉽다.

좋은 치료실의 기준을 정하기는 어렵지만, 적어도 피해야 할 치료실의 특징은 어떤 것인지 알려주고자 한다. 이 내용은 반드시 ABA 분야만이 아니라 언어재활, 놀이치료, 감각통합 등 모든 영역의 치료실에 적용된다.

나도 여전히 아이를 치료실에 보내는 수요자면서, 동시에 아이들을 대상으로 치료실을 운영하는 공급자로서, 두 입장을 모두 대변할 수 있는 접점을 찾아보았다.

자폐 등 발달장애는 병이 아닌 장애이므로 '완치'라는 개념은 존재하지 않는다

피해야 할 치료실 특징

물론 부모가 교실에 함께 있거나 밖에서 보고 있을 때 교육이 불가능한 아이가 있다. 그렇다면 아이가 창문을 등지고 앉게 하거나 CCTV를 이용하여 실내를 확인시켜줄 방법이 있음에도 불구하고 치료의 과정을 전혀 공개하지 않는 곳이 있다. 창문도 없이 큰 문을 닫고 들어가면 아무 소리도 들리지 않고 그 안에서 무슨 일이 일어나는지 전혀 알 수도 없는 곳이라면, 한 번쯤 의심해볼 필요가 있다.

아이의 장애 자체는 후천적 양육에 기인한 것이 아니다. 부모가 치료실을 찾은 것은 아이에 대한 적절한 중재와 부모에 대한 양육 방법의 코칭이 필요해서다. 그런데 마치 아이의 문제가 부모의 잘못인 양 몰아세우는 기관장이나 치료사들이 있다. 특히 부모의 공포나 죄책감을 이용해 겁을 주는 치료실이라면 처음부터 등록하지 않는 편이 낫다.

피해야 할 치료실 특징

✕ 완치를 말하거나 치료 효과를 장담한다

자폐 등 발달장애는 병이 아니므로 '완치'라는 개념은 존재하지 않는다. 또한 치료사라고 해서 아이에게 없는 능력을 만들어줄 수도 없다. 훌륭한 치료사란 아이에게 잠재된 능력을 빨리 알아보고 이를 발휘할 수 있도록 끄집어내고 계발하는 사람이다. 치료의 효과는 아이에 대한 정확한 평가와 적절하고 충실한 교육 과정에 의해 나타나는 것이지, 치료사나 상담하는 이의 장담에 의한 것이 아니다.

✕ 기록을 부모에게 제공하지 않는다

제대로 프로그램을 운영하려면 아이의 현 수준을 평가하고, 그에 맞는 프로그램을 기획하며, 치료 과정에서 효과 정도를 측정하여 계속 수정 보완하여야 한다. 그 경우 반드시 그 과정에서 기록이 발생한다. 치료 과정이 세세히 기록되지 않는 치료실은 피한다. 프로그램을 주먹구구식으로 운영한다고 할 수 있다. 만약 단 한 번도 아이와 관련된 평가서나 치료계획서, 치료 이력을 문서로 받지 못했다면 먼저 요구해보자. 여전히 받지 못한다면 문제가 있는 것이다.

피해야 할 치료실 특징

> ✗ 아이가 괴로워하고 자꾸 기피한다

간혹 아이가 낯을 가리고 적응하기 어려워하는 경우가 있다. 하지만 몇 주, 몇 달이 지났는데도 여전히 아이가 울고 괴로워한다면 치료 과정이 제대로 된 것인지 생각해보아야 한다. 아이의 학습은 강요나 압력에 의해서가 아닌 동기 부여에 의한 것이다. 동기 부여가 제대로 된다면 아이가 치료실을 기피할 하등의 이유가 없다. 좋은 치료실은 아이가 먼저 달려가 즐겁게 입장하는 곳이다. 만일 건물 밖에서부터 아이가 울면서 가기 싫어한다면 치료실 선택을 다시 고려해보아야 한다.

자폐의 역사는 '실패한 치료법과 유행의 역사'라는 말이 있다. 누가 나에게 '당신은 왜 이리도 의심을 하는가?'라고 물으면 나는 '궁극적으로 믿기 위해서'라고 대답하곤 한다. 이것이 '합리적 의심'이 필요한 이유다. 완치를 장담하는 확신의 말은 절박한 부모들에게 구원과 희망의 목소리처럼 들릴지도 모른다. "우리가 손해 볼 게 뭐가 있나요. 일단 무엇이든 다 시도해볼 가치가 있어요"라는 주장에 많은 부모가 타협을 한다.

하지만 바람직한 치료실일수록 장담이나 완치와 같은 극적인 단어는 사용하지 않는다. 우리를 올바른 길로 안내하는 것은 희망과 믿음뿐만 아니라 과학적인 근거와 객관적인 데이터, 그리고 신이 우리에게 준 이성과 논리라는 것을 잊지 말자.

> **더 알아봅시다**

국내 ABA 센터 현황

ABA가 국내에 소개되고 보급된 지 얼마 되지 않았지만, 발달장애 아동의 교육에 가장 효과적이라는 사실이 널리 알려지면서 지금은 수많은 부모가 ABA 전문가와 센터를 찾고 있다. ABA에 대한 수요가 폭발하다 보니 최근에는 저마다 ABA 전문가임을 자처하는 인력과 기관이 늘고 있다. ABA와 관련된 국내 자격증도 우후죽순 생기고 있다.

이러한 상황에서 신뢰할 만한 전문가나 기관을 택할 수 있다면 다행이지만, 이를 판단할 정보가 부족한 부모들은 ABA라는 간판만 믿고 치료기관을 선택했다가 낭패를 보는 경우가 종종 발생한다. 결국 ABA에 대한 그릇된 정보와 오해를 낳는 부작용으로 이어진다.

- **제대로 된 ABA 전문가나 기관이 대량으로 생겨나지 못하는 것은** 다른 치료/재활 분야에 비해 ABA 분야가 신규 인력을 양성하는 과정이 힘들고 어렵기 때문이다. 예를 들어 현시점에서 가장 신뢰할 만한 ABA 관련 자격증인 '국제행동분석전문가(BCBA,

ABA 센터의 운영 형태는 일반적으로 치료사와 아이가 1:1로 만나 학습하는 개별 치료 형태가 주를 이룬다

Board Certified Behavior Analyst, 석사 레벨)' 또는 '국제행동분석준전문가(BCaBA, Board Certified assistant Behavior Analyst, 학사 레벨)'를 취득하기 위해서는 반드시 1,500시간(BCBA) 또는 1,000시간(BCaBA) 이상의 임상 시간을 갖추어야 한다. 국내 국가자격증인 '언어재활사' 응시 요건으로 임상 관찰 30시간, 임상 실습 90시간을 요구하는 것과 비교해 보면 그 엄격함이 이루 말할 수 없다.

참고로 2023년부터는 각각 2,000시간, 1,300시간으로 늘어난다. 게다가 아쉽게도 2023년부터는 미국/캐나다 지역민 외에는 국제행동분석전문가자격시험을 치를 수 없게 되었다. 또, ABA 분야는 기본적으로 인간의 '행동'을 다루다 보니 치료/재활을 위한 수련 과정이 육체적으로 힘들고 고단한 편이어서 수련 중 탈락자가 많이 발생한다. 잘 훈련된 국내 ABA 전문가와 기관이 대개 서울과 수도권에 몰려 있는 것도 한계다. 다행히 최근 몇 년에 걸쳐 BCBA와 BCaBA 인원이 계속 증가하고 있고, 훈련 중인 사람도 꽤 늘어나고 있으므로 향후에는 조금 더 상황이 나아질 것으로 기대한다.

- **ABA 센터의 운영 형태는 다른 치료/재활센터와 크게 다르지 않다.** 일반적으로는 치료사와 아이가 1:1로 만나 학습하는 개별 치료 형태가 주를 이룬다. 부모와 치료사가 서로의 스케줄과 재정 형편에 맞춰 보통 일주일에 몇 회 수업하는 식으로 스케줄을 정한다. 이보다 조금 더 집중적인 교육을 위한 '조기집중 행동중재 프로그램'을 운영하기도 한다. 기관에 따라 주 4~5일, 하루 3~6시간에 걸쳐 아동을 대상으로 집중적인 중재를 실시한다. 보통 '조기교실'이라는 명칭으로 운영된다. 그 외에 아이들의 상호성 증진을 목적으로 하는 '사회성 프로그램'을 운영하는 센터도 있다. 기관에 따라서는 문제행동을 다루는 별도의 클래스를 선택적으로 운영하기도 한다.

- ABA 기관 운영의 핵심은 치료 인력과 프로그램에 대한 철저한 '관리 감독'에 있다. 일명 수퍼비전(supervision)이라고 부르며, 감독관을 수퍼바이저(supervisor)라고 한다. ABA에서는 모든 프로그램과 인력을 대상으로 '관리 감독자'가 아동 평가, 프로그램 계획, 중재 실시, 모니터링, 교육, 피드백 등에 걸쳐 관리 감독을 수행하는데, BCBA 이상이 되어야 이 수퍼바이저의 역할을 맡을 수 있다.

  만일 ABA 기관이라면 BCBA가 상주하고 있거나, 최소 수퍼바이저 역할을 맡은 인력이 있는지 확인해야 한다. 같은 맥락에서 ABA 홈티, 즉 치료사가 가정을 방문하여 서비스를 제공하는 경우, 수퍼바이저가 배치된 경우는 극히 드물다는 점을 참조하자. 국내 BCBA들은 센터를 방문하는 수요자와, 특수교육 현장과 사회복지기관을 대상으로 한 자문, 컨설팅, 강의 등을 감당하기도 벅찬 실정이다.

  현재 국내에서 일하는 BCBA, BCaBA들과 이들이 운영하거나 속한 기관을 알아보려면 '한국응용행동분석전문가협회' 사이트(www.bcba.co.kr)를 방문하여 확인한다.

ABA에 대한 오해와 진실

ABA 오해와 진실 ①

동물 훈련에 사용하는 방법이다?

행동분석이라는 학문적 배경에 파블로프와 스키너의 동물 실험이 등장하다 보니 이러한 오해를 자주 받는다. 동물 대상의 행동 연구도 여전히 존재하고 그 원리도 유사하지만, ABA는 엄연히 인간 행동에 대한 별개의 학문이다.

1960년대 이후 행동분석의 원리가 인간에게 적용(applied)되어 발전해온 지 50년이 넘었다. 이러한 ABA를 동물 훈련이라고 한다면 아직도 은행에서 돈 계산을 주판으로 처리한다고 오해하는 것과 같다.

> ABA 오해와 진실 ②
>
> **자폐나 중증 장애에만 효과적이다?**

ABA는 인간의 모든 행동을 대상으로 한다. ABA는 오래전부터 우리 주변 어디에나 있었다. 훌륭한 행동에 상을 주고 나쁜 행동에 벌을 내리는 것도 ABA 원리 중 하나다. ABA가 널리 알려진 것은 발달장애 영역에서 나타낸 탁월한 효과 때문이지, 자폐에만 효과적이기 때문은 아니다.

비장애 분야에서도 얼마든지 행동과 학습의 원리를 활용할 수 있다. 심지어 조직 내 인간의 행동을 분석하여 개선하는 경영 기법인 조직행동관리론(OBM, Organizational Behavior Management)도 ABA의 영역에 속한다.

> **ABA 오해와 진실 ③**
>
> **초등 자폐 아동인데 ABA를 시작해도 될까?**

아이가 초등학교에 들어갈 나이라면서 ABA를 시작하기에는 너무 늦었다고 안타까워하는 부모들이 있다. ABA를 하기에 너무 늦은 나이는 없다. 물론 자폐 등 발달장애의 불문율 중 하나는 조기 진단과 조기 중재다. 나이를 먹을수록 새로운 행동을 습득시키기가 어려워지고 문제가 되는 행동이 굳어질 수는 있다.

그렇다고 해서 이런 대상들에게 ABA가 효과가 전혀 없는 것은 아니다. ABA 발상지인 미국은 아동뿐만 아니라 청소년, 성인, 심지어 노인을 대상으로 한 ABA 적용까지 활발히 연구하고 있다.

> ABA 오해와 진실 ④
> **무조건 주당 40시간 치료를 받아야 한다?**

UCLA의 로바스 박사가 1987년 발표한 연구에서는 당시 자폐 아동이 가정으로 파견된 전문가로부터 주당 40시간씩 2년에 걸쳐 집중적인 중재를 받았다. 이 40시간이라는 부분에서 부모들의 오해 아닌 오해가 생겨난 것이다.

이 프로그램에서 말하는 40시간은 학습적인 것뿐만 아니라 문제행동의 수정, 식사, 배변, 옷 입기, 자조 기술, 사회성 등이 모두 들어 있다. 또한 당연히 부모가 치료팀에 포함되어 있다. 즉, 전문가나 치료사의 직접적인 치료만으로 40시간이 구성된 것은 아니었다. 그러므로 단순히 산술적인 40시간이라는 치료 시간을 충족하려고 온갖 치료실을 돌아다니며 귀한 시간을 보내는 것은 잘못된 행동이다. 그보다는 전체 치료 시간을 구성하고 있는 프로그램은 무엇인지, 그 프로그램이나 치료가 아이에게 실질적으로 꼭 필요한 것인지, 프로그램에 집중적인 행동 중재 세션이 확보되어 있는지, 가족이 팀 구성에 포함되어 있는지, 치료가 일관되게 실행되고 있는지 등을 고려해야 한다. 현재 ABA에서는 주당 최소 25시간의 집중 행동중재 시간을 확보할 것을 권장한다.

> ABA 오해와 진실 ⑤
>
> **ABA와 DTT는 동일한 것인가?**

ABA에서 흔히 사용하는 개별시도훈련(DTT, Discrete Trial Training)은 수업 방식의 일종으로, 학습 내용의 전달을 여러 차례 시도하면서 아동이 반복 학습할 수 있게 하는 교수 전략이다. 로바스 박사가 주로 사용하면서 널리 알려졌고, 현재에도 이 방식이 활발히 사용되고 있다.

ABA에는 DTT 이외에도 우연교수법(IT, Incidental Teaching), 자연환경교수법(NET, Natural Environmental Training), 중심축반응훈련(PRT, Pivotal Response Training) 등 다양한 교수 전략이 있다. 최근에는 언어 습득에 발달에 대한 분야인 언어행동분석(VBA, Verbal Behavior Analysis)에 이르기까지 접근 방법의 스펙트럼이 대단히 넓어졌다.

ABA 조기 중재의 핵심 8가지

이 책 전반에 걸쳐 강조하는 핵심 내용을 아래와 같이 다시 한번 정리하였다.

ABA 치료의 핵심은 강화다. 강화의 목적은 아이에게 동기를 부여하는 것이다. 그러므로 부모는 일상생활의 모든 순간에 강화를 최우선으로 놓아야 한다. 강화물 이외에 칭찬, 부모의 표정, 아이를 대하는 태도 등도 아주 중요하다.

자폐가 의심스럽거나 진단을 받은 아동의 경우 가장 중요한 교육 목표는 사회적 의사소통과 상호작용이다. 그러므로 모든 프로그램의 목표를 여기에 두고 항상 이 사회성을 어떻게 회복시키고 발전시키느냐에 초점을 맞춰야 한다.

아동 주변 환경에 대한 통제는 학습을 더 효과적으로 하는 장치다. 아이를 괴롭히는 것이 아니다. 집 안 환경, 강화물, 지시어 등을 잘 간수하고 통제함으로써 아이의 자발적인 의사결정을 지원해준다.

언어와 인지의 발달은 일관되고 반복적인 교육을 통해 가능하다. 아이가 할 수 있을 때까지 포기하지 말고 일관되게 알려준다. 이때 아이의 성공 경험을 높이기 위해 도움의 손길(촉구)을 잊지 말고 제공한다. 성공 경험이 쌓이면 촉구의 횟수를 서서히 줄이고 강화의 빈도도 줄이며 간격은 늘린다.

아이에게 가장 좋은 강화제는?

ABA 핵심 5
아이에게 가장 좋은 강화제는 놀이다. 아이와 즐겁게 놀 방법을 창의력을 동원해서 다양하게 개발한다. 이때 아이가 이해하기 쉽게 시각적인 방법으로 찾는다.

ABA 핵심 6
아이가 지닌 강점을 활용한다. 모든 아동이 영역마다 순차적으로 발달하는 것이 아님을 명심하고, 못 하는 것에 집착하기보다는 잘하는 것에 집중하고 이것을 활용하여 못 하는 것을 성공할 수 있는 발판으로 삼는다.

ABA 핵심 7
언어는 '말' 자체보다는 '의사소통'을 중심에 두고 교육한다. 말하는 것이 어렵다면 곧바로 제스처나 그림 카드 등의 의사소통 수단을 활용한다.

ABA 핵심 8
문제행동을 다시 정의하고, 말 못 하는 아이의 어려움을 이해한다. 문제행동은 어릴수록 빨리 중재할 필요가 있으며, 특히 전문가의 도움이 절실히 필요한 부분임을 반드시 기억하자.

놀이는 아이에게 가장 좋은 강화제로, 항상 아이와 즐겁게 놀 방법을 개발하려고 노력한다

◇ 글을 마치며 ◇

최근 몇 년 사이에 자폐 아동의 교육에 ABA가 효과적이라는 사실이 널리 알려지면서 많은 부모가 전문가와 기관을 찾고 있다. ABA에 대한 높은 관심은 부모뿐만 아니라 현장의 교육자와 치료사들도 마찬가지다.

그러나 국내에 들어온 지 얼마 되지 않은 ABA 산업의 크기는 여전히 작다. 신뢰할 만한 전문가와 기관은 제한적이고, 센터마다 대기열이 길다. 절박한 수요에 비해 공급은 모자라고, 새로운 인력을 훈련해 양성하는 일은 장시간이 소요되는 힘든 일이다. 부모가 원한다고 해서 당장에 아이에게 ABA를 실시하기는 쉽지 않다. 그래서 부모들은 스스로 ABA 전문가가 되기 위해 인터넷과 유튜브를 검색하고 책을 찾아 읽는다.

하지만 혼자 배우는 ABA에는 아무래도 한계가 있다. 임상적인 조언이나 피드백이 없으면 부모는 ABA 실행 방법을 글자 그대로만 받아들여 아이들에게 지나치게 엄격하게 적용할 위험이 있다. 강화 기법이나 구체적인 중재 절차에 대해 오해가 있을 수도 있다. 그래서 ABA는 아이를 로봇으로 만드는 방법이라거나, 교육 방법이 엄격하고 딱딱하다거나, 아이를 강압적으로 대한다는 식의 편견이 가득하다.

도움받을 전문가 찾는 일이 ABA 센터의 빈자리 찾기보다 어려운 안타까운 현실에서 힘들어하는 부모들에게 같은 부모이자 전문가로서 도움을 주고 싶었다. 집에서 ABA의 원리를 활용하여 아이들에게 적용하는 방법을 알려주고 싶었다. 이 책이 ABA에 대한 오해와 편견을 줄이면서 당장 실전에서 사용하는 응급 상황 속 구급상자가 되기를 희망한다.

자폐 중재에 가장 중요한 것은 시간이다. 되도록 조기에 집중 중재를 시작하는 것이 최상의 결과를 얻을 수 있다. 이러한 근거는 계속해서 나오는 중이다. 아이를 가장 잘 이해하고 아이의 반응을 가장 잘 살피면서 가장 적절하게 반응할 수 있는 사람은 바로 부모다. 따라서 우리 아이들이 가정에서 부모로부터 집중적인 ABA 치료 프로그램을 받는 것은 아주 이상적인 해결책이다. 이 책이 ABA를 배워 아이들에게 적용해보고 싶은 부모들에게 조금이나마 갈증 해소의 역할이 된다면 더할 나위 없이 기쁘겠다.

저자의 글

비장애 형제인 첫째 딸과 자폐가 있는 둘째 아들을 모두 키워본 부모의 경험에서 보면, 장애가 있거나 없거나 자식 키우는 일은 별반 다르지 않습니다. 첫째를 키우는 동안 우리 부부는 어린 딸을 위해 좋다는 유치원을 찾아 보내고, 학령기가 되자 좋은 학교를 보내려고 애썼으며, 대입 전까지 좋다는 학원을 등록해가며 뒷바라지를 했습니다.

둘째를 키우는 일도 비슷했습니다. 어릴 때는 좋다는 통합어린이집을 찾아 보내고, 학령기에는 아이에게 맞는 좋은 통합학급(학교)을 보내려고 애썼으며, 지금까지도 좋다는 치료실과 센터를 등록해가며 뒷바라지를 하고 있습니다. 사람 사는 거 다 똑같다던데, 넓게 보면 장애 아이를 키우는 것도 그냥 다 똑같은 자식 키우는 일입니다(물론 양육의 어려움을 말로 다 표현할 수 없는 중증 장애 아동의 부모님께는 지극히 죄송한 소리입니다).

이렇게 한가로이 맘 편한 소리를 할 수 있는 것은 제가 낙관적이거나 긍정적인 사람이어서가 아닙니다. 그만큼이나 자폐에 대한 사회적 인식이 최근 몇 년간 상당히 개선되었기 때문입니다. 물론 아직도 가야 할 길이 멀다고 하는 분도 계실 겁니다. 하지만 이만큼이나마 발전한 것은 같은 처지의 선배 부모님들이 앞서 길을 닦아놓은 덕분입니다.

자폐에 대한 사회적 인식은 영화 '말아톤(2005)' 이전과 이후로 나뉜다는 말을 들은 적이 있습니다. 개인의 아픔을 영화관 스크린으로 옮겨 세상에 공개하는 일은 용기이기 이전에 아픔이었겠지만, 그로 인해 우리 사회가 처음으로 자폐를 알아가기 시작했습니다. 2014년 제정된 '발달장애인 권리보장 및 지원에 관한 법률'은 수많은 선배 부모님들의 땀과 눈물과 고통의 결실입니다.

가끔 나이 서른을 넘긴 자폐 자녀를 둔 부모님을 만날 때가 있습니다. 아직 제 아들이 십 대이다 보니 제게 늘 '아휴, 뭐가 걱정이야' '아이가 어리니 많은 걸 시도해볼 수 있어서 좋겠다' 같은 말씀을 해주면서 '우리 때는 제대로 된 치료도 없었어'라는 아쉬움의 말씀을 덧붙이곤 합니다. 선배 부모님들의 수고와 노력으로 지금까지 왔으니, 이제 물려받은 혜택을 제 아이보다 어린 아이를 키우는 부모님들께 돌려줘야 할 차례라는 생각이 들었습니다. 이 책을 쓴 동기 중 하나는 그러한 저만의 부채의식인지도 모르겠습니다.

이 책을 완성하는 데도 수많은 분의 도움이 있었습니다. 부모들을 위한 장애 관련 서적을 만들고 싶다며 힘들고 어려운 이 길을 택하고 책을 기획하여 저자를 맡겨주신 마음책방 박지원 대표님께 감사드립니다. 제가 쓰는 모든 글마다 최후의 저자이자 최초의 독자인 아내와, 어릴 때부터 아들의 사회성 발달에 일등 공신인 큰딸에게도 고마움을 전합니다. 전문가의 입장에서 늘 조언을 아끼지 않은 바른ABA센터 BCBA 김혜영 선생님, 언어재활사이자 BCaBA인 김희진 선생님께도 이 자리를 빌려 감사드립니다.

  끝으로, 은밀한 자폐의 세계로 저를 안내하고 그 세계를 엿볼 수 있게 기회를 준 아들에게도 감사합니다. 이 세상에서 아들을 만나 인생의 길이 바뀌고 학문과 연구의 길을 걷게 되었지만, 혹시 다음 세상에서 우리가 아버지와 아들로 다시 만난다면 그 세상은 자폐가 없는 세상이었으면 좋겠습니다.

한상민

자폐 아들을 키우는 국제행동분석가의 부모표 조기 중재
서두르지 않고 성장 발달에 맞추는 ABA 육아법

초판 1쇄 발행 2020년 11월 05일
초판 9쇄 발행 2024년 02월 25일

지은이 한상민
그린이 조성헌
펴낸이 박지원
펴낸곳 도서출판 마음책방

출판등록 2018년 9월 3일 제2019-000031호
주 소 경기도 김포시 김포한강8로 410, 1001-76호(구래동, 스타프라자)
대표전화 02-6951-2927
대표팩스 0303-3445-3356
이메일 maeumbooks@naver.com

ISBN 979-11-90888-11-0 13590

저작권자 ⓒ 한상민

- 책값은 뒤표지에 있습니다. 잘못된 책은 구입하신 곳에서 바꿔드립니다.
- 이 책의 내용은 저작권법의 보호를 받는 저작물이므로 무단 전재와 무단 복제를 금합니다.
- 도서출판 마음책방은 심리, 상담 책으로 지친 마음을 위로하고, 발달장애 책으로 어린 아이들의 건강한 성장을 돕습니다.

이 도서는 한국출판문화산업진흥원의
'2020년 출판콘텐츠 창작 지원 사업'의 일환으로
국민체육진흥기금을 지원받아 제작되었습니다.